Gabriele Hasmann
Die spukenden Habsburger

Gabriele Hasmann

DIE SPUKENDEN HABSBURGER

Blaublütigen Geistern auf der Spur

ueberreuter

Danke, dass Sie sich für unser Buch entschieden haben.
Wir freuen uns, wenn wir Sie auch weiterhin über unsere Neuerscheinungen informieren dürfen und laden Sie ein, unseren Newsletter unter **www.ueberreuter.at** zu abonnieren.

MIX
Aus verantwortungsvollen Quellen
FSC® C014138
www.fsc.org

1. korrigierte Neuauflage 2022

ISBN 978-3-8000-7826-4

Covergestaltung: BoutiqueBrutal.com und Saskia Beck, s-stern.com
Fotos: © Gabriele Hasmann
Satz: Hannes Strobl, Satz·Grafik·Design, Neunkirchen
Druck und Bindung: Finidr Ltd., Ceský Tesin

www.ueberreuter.at

»Noblesse oblige«
(»Adel verpflichtet«)

Pierre Marc Gaston Duc de Lévis (1764 – 1830)
franz. Adeliger, Schriftsteller, Politiker und General

Inhalt

Vorwort

Wieder einmal habe ich mich für Sie in ganz Österreich auf die Suche nach den interessantesten, schauerlichsten und überraschendsten Spukgeschichten des Landes gemacht. Von den paranormalen Phänomenen haben mir glaubwürdige Zeugen berichtet, die diese Botschaften aus dem Jenseits vor Ort selbst empfangen – gespürt, gesehen oder gehört – haben.

Doch eines unterscheidet dieses Buch von den anderen Werken, die ich schon für Sie schreiben durfte: Bei den Protagonisten der folgenden Erzählungen handelt es sich keineswegs um »gewöhnliche Wesen aus dem Jenseits«, sondern um die Geister von Hoheiten aus dem Haus Habsburg.

Auf den Spuren der verstorbenen Kaiser, Könige, Herzöge und anderer Blaublütler dieses Clans, der auf dem Gebiet des heutigen Österreich mehrere Jahrhunderte lang fast durchgehend herrschte, war ich im ganzen Land unterwegs und bin außerdem quer durch die Geschichte gereist. Ich habe dabei diese exzentrische und teilweise skurrile Familie recht gut kennengelernt, ohne jedoch auch nur ansatzweise einen Expertenstatus, die Habsburger betreffend, zu erlangen. Das war allerdings auch nie mein Anspruch. Denn wer sich eingehender über eine der mächtigsten Dynastien der Welt informieren möchte, dem stehen ausreichend andere Bücher zum Thema zur Verfügung. Ich habe lediglich festgehalten, wo die blaublütigen Geister heute in Spukgestalt ihr Unwesen treiben, und anhand ihrer Lebensläufe zu ergründen versucht, warum sie das tun.

Wie schon bisher weise ich auch dieses Mal auf den folgenden Umstand hin: Bei den im Text geschilderten Begebenheiten handelt es sich um subjektive Wahrnehmungen, die unter Umständen einzigartig und nicht reproduzierbar sind. Keiner der Vorfälle ist beweisbar und im Sinne der Meinungsfreiheit haftet niemand für die getätigten Aussagen.

Ich selbst erzähle die Geschichten über die verschiedensten Arten »sinnlich wahrnehmbarer Seelenreste« verstorbener Habsburger völlig wertfrei, dokumentiere die Geschehnisse, basierend auf den Zeugenaussagen, objektiv und unverfälscht, ergänzt einzig und allein mit historischen Hintergrundinformationen.

Zum besseren Verständnis des Umgangs mit den Namen der Blaublütler: Die meisten gekrönten Häupter trugen je nach Art oder Ort ihrer Herrschaft unterschiedliche römische Zahlen. Ich habe immer die Kaisernamen bzw. bei anderen Adeligen die mit den Nummerierungen verwendet, die im Zusammenhang mit der jeweiligen Spuklokalität stehen. Weiters tituliere ich Maria Theresia (Erzherzogin von Österreich, Königin von Ungarn, Böhmen usw.) als Kaiserin, obwohl sie das streng genommen nicht gewesen ist – auch wenn sie beim Regieren die Hosen an und das Zepter in der Hand hatte. Und nun tauchen Sie ein in die Welt der Habsburger und deren Totenreich!

Sollten Sie die Spukorte auch einmal real besuchen, bleiben Sie stets offen und intuitiv:

»Das Unterbewusstsein ist der Ort, an dem die Toten und die Lebenden zusammen wohnen.«

Carl Gustav Jung
1875–1961, Psychiater und Psychologe

Denken Sie immer daran: Wenn die Geister willkommen sind, erscheinen sie auch!

In diesem Sinne, viel Spaß beim Gruseln!
Ihre Gabriele Hasmann

gabrielehasmann@gmail.com
www.wunschtext.at

Das Haus Habsburg

Keine andere Herrscherdynastie in Europa hat so viele interessante wie exzentrische Persönlichkeiten hervorgebracht und war gleichzeitig so mächtig wie die Habsburger, die 640 Jahre lang beinahe durchgehend herrschten. In dieser Zeit nahm die Geschichte kaum eine Wendung, bei der die Mitglieder dieser historisch bedeutenden Familie nicht ihre Finger im Spiel hatten: Mit ihren mutigen Händeln, taktisch klugen politischen Pakten sowie geheimen Abkommen bestimmten sie die Entwicklung der Nation ebenso wie mit ihrer legendären Unbeholfenheit, Ratlosigkeit und Feigheit. Sie nahmen in Europa Einfluss auf die Ländergrenzen, die Sprache und Religion von Millionen Erdenbürgern, außerdem auf die Gestalt der Städte und die Bildung ihrer Einwohner. Die Habsburger wurden von weit mehr Menschen gehasst als geliebt und waren stets Opfer von bösen Absichten wie Intrigen, Manipulation und Anschlägen auf ihr Leben, jedoch ohne dadurch jemals ernsthaft an Geltung und Wirkung zu verlieren. Ihre Erfolge verdankten sie ebenfalls teilweise unsauberen Praktiken wie Bestechung, Drohung und Erpressung, denen sie selbst bei Aussicht auf Reichtum und Machtzugewinn auch nicht abgeneigt waren. Auf dem Höhepunkt ihres Erfolgs hatte sich ihr Herrschaftsgebiet praktisch auf ganz Europa (ohne Frankreich und die Schweiz) ausgedehnt, wobei diese Expansion weniger auf kriegerischen Eroberungen beruhte, als vielmehr der bekannten Heiratspolitik der Habsburger zu verdanken war.

Aufgrund oftmaliger Fortpflanzung innerhalb der Familie traten zahlreiche erbliche Belastungen wie geistige und körperliche Leiden bei den Blaublütlern auf. Darüber hinaus setzten sich einige signifikante Merkmale im Aussehen durch, beispielsweise die »habsburgische Unterlippe« (Überentwicklung des Unterkiefers) oder der »Turmschädel« mit der hohen Stirn. Die Bevölkerung befürchtete durch die Inzucht unfähige Herrscher, auch wenn sie sich über die markanten optischen Merkmale der Familienmitglieder als Folge einer Laune der Natur durchaus lustig machte.

In Spanien soll ein in der Menge stehender Bauer Kaiser Karl V. der aufgrund des starken Überbisses den Mund immer leicht geöffnet hatte, bei dessen Ritt durch die Gemeinde zugerufen haben: »Eure

Majestät, schließen Sie bitte Ihren Mund, die Fliegen in unserem Land sind sehr unverschämt.« Die Antwort des Regenten ist bedauerlicherweise nicht überliefert.

Die Männer des Clans haben teilweise versucht, ihre »Habsburgerlippe« unter extravaganten Bärten zu verstecken, doch einige der weiblichen Familienmitglieder sahen aus, als hätten sie ein Schlauchboot am unteren Teil des Mundes kleben. Heute ist man den Anblick gewohnt, aber damals handelte es sich bei der dicken Lippe um einen schlimmen Makel, der die betroffenen Damen sehr belastet haben dürfte.

Die Herrscher aus dem Haus Habsburg trugen dafür eine berufliche Last, denn für die meisten war ihr Leben, das aus strikten Protokollen und gottgewollten Vorschriften bestand, als Träger der Krone mehr Bürde als Würde – einige von ihnen entschieden sich daher, ihren persönlichen Vorlieben den Vorzug zu geben und mehr privat zu agieren als öffentlich zu regieren. Oder sie integrierten ganz einfach ihre teilweise schrulligen Hobbys in den die meiste Zeit über langweiligen Job am Thron.

Als erstes Mitglied dieser Dynastie, die unser Umfeld stark geprägt hat, gilt Guntram »der Reiche«, der in der zweiten Hälfte des 10. Jahrhunderts lebte. Sein Nachkomme Otto II. (um 1100) war jedoch der Erste aus dem Clan, der in seinem Namen die Bezeichnung »von Habsburg« benutze.

Der Name des bekannten Herrschergeschlechts leitet sich von ihrer Stammburg (ursprünglich »Habichtsburg«) in der Gemeinde Habsburg (heute Kanton Aargau in der Schweiz) ab, die zu Beginn des 11. Jahrhunderts errichtet wurde. Dort lebte die Familie aber nur rund 200 Jahre lang, danach verließen die Grafen ihre Heimat, um fremde Länder zu erobern.

Zu jener Zeit geriet mit dem Tod des Babenbergers Herzog Friedrichs II. im Jahr 1246 die Macht dieses bis dahin in Österreich herrschenden Adelsgeschlechts fränkisch-bayrischer Herkunft bereits ins Wanken, einige Jahre später erlosch es vollständig. Sein Erbe fiel 1278 mit Rudolf I. (1218–1291) – in der neunten Generation nach Guntram »dem Reichen« – an das Haus Habsburg. Rudolf, der bereits 1273 zum König des Heiligen Römischen Reiches (HRR) gekrönt worden war, begründete damit die überregionale Bedeutung seiner Dynastie.

Sein Urenkel, Herzog Rudolf IV. (1339–1365), veranlasste 1358/59 als einflussreichster Habsburger des 14. Jahrhunderts mit der Urkundenfälschung »Privilegium maius« die Rangerhöhung der Habsburger zu »Erzherzogen«, die man nach der offiziellen Anerkennung des Dokuments mit umfangreichen Rechten ausstattete. Außerdem vergrößerte er das Reich um Tirol, das er 1363 von Margarete Maultasch erwarb.

Ab 1438 stellte das Adelsgeschlecht fast ununterbrochen die deutschen Könige und Kaiser des Heiligen Römischen Reiches, wobei mit der Krönung Friedrichs III. (1415–1493) im Jahr 1452 zum ersten Kaiser dieses Ranges die Stellung der Habsburger in Europa weiter gefestigt wurde. Sein Nachfolger war Sohn Maximilian I. (1459–1519).

Der in Spanien geborene spätere Kaiser Ferdinand I. (1503–1564) erhielt durch Verträge mit seinem Bruder Kaiser Karl V. (1500–1558) die Erblande der Habsburger in Mitteleuropa zugesprochen und begründete damit 1521 die österreichische Linie der Familie. 1526 gelangten Böhmen, Mähren, Schlesien und Ungarn an das Haus Habsburg. Ferdinands Nachfolger war sein Sohn Maximilian II. (1527–1576), auf den wiederum dessen Sohn Rudolf II. (1552–1612) folgte. Da Rudolf, ebenso wie sein Bruder Matthias, kinderlos blieb, wurde Cousin Ferdinand II. (1578–1637) zum Familienoberhaupt und Kaiserthronfolger ernannt. Mit seinem Sohn, Ferdinand III. (1608–1657), der die Kapuzinergruft (auch Kaisergruft) zur Erbbegräbnisstätte seiner Familie ausbauen ließ, setzte sich Wien nach Prag als Hauptstadt des Habsburgerreiches durch.

1521 teilte sich die Dynastie in eine spanische Linie (die über Spanien, Portugal und deren Besitzungen in Amerika, Afrika und Asien herrschte), deren Mannesstamm (Abstammungs- und Erbfolge von Vater zu ehelichem Sohn) mit Karl II. (1661–1700) ausstarb, und in eine österreichische Linie (als Regenten über Österreich und Steiermark sowie später über Böhmen, Kroatien und Ungarn), deren Mannesstamm mit Karl VI. (1685–1740) endete. Die Tochter von Karl VI., Maria Theresia (1717–1780), schuf jedoch mit ihrem adeligen Gatten Franz Stephan von Lothringen (1708–1765) das Haus Habsburg-Lothringen und konnte dank der Pragmatischen Sanktion ihres Vaters (Edikt zur Sicherung der habsburgischen Thronfolge durch weibliche Nachkommen) die österreichische Linie fortführen. Als ihr Sohn Joseph II. geboren wurde, hieß es – trotz Maria Theresias Geschick als Herrscherin neben ihrem Gemahl – seitens der Bevölkerung: »Gott sei Dank hat Österreich jetzt wieder Hosen an!« In dieser österreichischen Linie verblieb die Kaiserwürde HRR dann bis zum Ende des Reiches im Jahr 1806.

Maria Theresias Enkel Franz II. (1768–1835), Sohn von Kaiser Leopold II. (1747–1792), war der letzte römisch-deutsche Kaiser und unter den Namen Franz I. Begründer und Regent des Kaisertums Österreich, das 1867/68 zur Doppelmonarchie Österreich-Ungarn umgewandelt wurde. Diese bestand mit Kaiser Karl I. (1887–1922), Neffe des in Sarajevo ermordeten Erzherzogs Franz Ferdinand, bis 1918. Nachdem der Erste Weltkrieg zum Zerfall der Habsburgermonarchie geführt hatte, verbanden sich die autonomen deutschsprachigen Kronländer zur heutigen Bundesrepublik Österreich. Man könnte also durchaus sagen, dass eine der mächtigsten Dynastien der Welt mit Karls Abdankung von der Bühne der Geschichte abtrat.

Zuvor hatten allerdings noch drei der (vor allem bei den Wien-Touristen) bekanntesten Mitglieder der Familie ihren Auftritt: Kaiser Franz Joseph I. (1830–1916), der Enkel von Franz II., seine Gemahlin Elisabeth (1837–1898), genannt »Sisi«, und deren tragisch (vermutlich) durch Selbstmord früh aus dem Leben geschiedener Sohn Kronprinz Rudolf (1858–1889).

Endgültig geschlossen hat sich der imperiale Kreis im Jahr 1989 mit dem Tod des letzten gekrönten Mitglieds der Habsburger, Kaiserin Zita (1892–1989), Gattin von Kaiser Karl I. Ihr Körper ruht in der Kapuzinergruft, aber ihr Herz wurde zurück an den Ursprung des Adelsgeschlechts gebracht: in ein Kloster im Schweizer Kanton Aargau.

Das Familienoberhaupt der bürgerlich gewordenen Habsburger ist derzeit Karl (* 1961), der älteste Sohn des letzten Kronprinzen Österreich-Ungarns, Otto von Habsburg-Lothringen (1912–2011).

Während ihrer über sechs Jahrhunderte dauernden Regierungszeit trugen 18 Habsburger den Kaisertitel (von 1452 mit Friedrich III. bis 1918 mit Karl I.). Dazu kam eine Unzahl von Königen, Fürsten, Herzögen und Erzherzögen, Grafen und anderen titeltragenden

Mitgliedern der Familie in regierender Funktion quer durch alle Erblande.

Abweichende Bezeichnungen oder Synonyme für die Herrschaft der Habsburger sind »Haus Österreich« (österreichische und spanische Linie), »Erzhaus« (zur Erinnerung: Die Adelsfamilie schuf den Titel »Erzherzog/Erzherzogin« und war weltweit die einzige Dynastie, die ihn verwendete) sowie »Habsburgermonarchie« als inoffizielle Benennung für die regierten Herrschaftsgebiete der österreichischen Linie.

Die Geister der Habsburger

Auch wenn noch immer niemand gern öffentlich darüber spricht, existieren doch genug dokumentierte Fälle über paranormale Vorkommnisse, die nahelegen, dass es Spuk gibt. Die dabei erscheinenden Geister sind fast ausschließlich definiert als Verstorbene, die in einer Art Zwischenwelt leben, weil sie sich nicht vom Diesseits lösen können. Manchmal handelt es sich um Seelen, die von Zeit zu Zeit aus dem Jenseits auftauchen, um den Lebenden etwas Wichtiges mitzuteilen, wie beispielsweise Familienmitglieder vor einer nahenden Katastrophe zu warnen oder eine Gewalttat anzukündigen.

Und dieses Phänomen, dessen scheinbare Existenz es Individuen unter gewissen Umständen erlaubt, sich nach ihrem Tod im Unschärfebereich der physikalischen Gesetze bewegen zu können, hat auch vor dem Haus Habsburg nicht haltgemacht. Einerseits pflegten einige Mitglieder der Familie regelmäßigen Kontakt mit Geistern, andererseits sind offenbar einige Angehörige des mächtigsten Clans der österreichischen Geschichte selbst dazu verdammt, auf ewig als feinstoffliche Energie durch die Zeiten zu irren – sehr elitär selbstverständlich. Adel verpflichtet schließlich, und zwar dazu, auch als Geist Haltung zu bewahren.

Der Spuk findet sich allerdings keineswegs dort, wo etliche Gebeine der Habsburger und Habsburg-Lothringer ihre letzte Ruhe gefunden haben, nämlich in der Kapuzinergruft in Wien. Und das obwohl die Begräbniszeremonie der Habsburger durchaus zum Gruseln animiert: Nach dem Tod wurde der Leichnam seziert, die Innereien entnommen und zur Konservierung eine Lösung aus einem Kilogramm Arsenik und zehn Litern Alkohol durch die Halsschlagader eingeleitet. Der Körper kam in die Kapuzinergruft, das Herz in einem Silberbehälter in die Herzgruft der Augustinerkirche und die Eingeweide wurden in Kupferurnen in den Katakomben des Stephansdoms bestattet.

Die Seelen der Habsburger sind den Stätten ihrer Bestattung jedoch entwichen und haben sich zum Spuken andere Plätze ausgesucht. Neben dem »Klassiker« – der durch die Wiener Hofburg wandelnden Weißen Frau – gibt es nämlich noch viele weitere majestätische Geister, die sich im Laufe der Jahrhunderte in Österreich ansiedelten und seither an den verschiedensten Orten tummeln.

Selbst an paranormale Aktivitäten und den Erfolg okkulter Experimente im Allgemeinen sowie an herumspukende Seelen Verstorbener im Besonderen geglaubt haben unter den Habsburgern besonders Franz I. Stephan von Lothringen, Erzherzog Johann sowie Kaiserin Elisabeth und ihr Sohn, Kronprinz Rudolf. Aber auch bereits der erste römisch-deutsche König aus dem Haus Habsburg, Rudolf I., soll einen besonderen Bezug zum Jenseits gehabt haben.

Sisi beispielsweise war davon überzeugt, dass sich jedem sterbenden Mitglied ihrer Familie ein Ahnherr aus den Bildern der Galerie oder eine schwarze Frau näherte. Aus Angst vor Spukerscheinungen betrat sie nach Einbruch der Dunkelheit lange Gänge oder ihr unbekannte Räume niemals ohne Begleitung und sie fürchtete sich ganz generell im Finsteren vor Geistern. Andererseits war sie sehr an okkulten Phänomenen interessiert, glaubte an ein Leben nach dem Tod und nahm an Séancen teil, die im 19. Jahrhundert gerade in Mode kamen.

Die Kaiserin galt auch als extrem abergläubisch, sah Omen in alltäglichen Begebenheiten und sagte von sich selbst, dass sie »Ahnungen« hätte – darüber berichtet Sisis Nichte und Vertraute, Marie Louise von Larisch-Wallersee, in ihren Aufzeichnungen. Zur Abwehr des »Bösen« trug Elisabeth stets eine Unmenge von Glücksbringern und Amuletten bei sich, mied schwarze Katzen und den Blick von Raben (die nach altem Volksglauben den Empfänger ins Unglück stürzen). Sie legte sich außerdem vor jeder Unternehmung die Karten, »hexte« mit heidnischen Ritualen und vollführte Voodoo-Zaubereien.

Die Kaiserin meinte auch die Gabe zu besitzen, außerhalb der spiritistischen Sitzungen Kontakte zum Reich der Toten aufnehmen und jederzeit mit Wesen aus dem Jenseits Gespräche führen zu können. So stieg sie etwa wenige Tage nach der Beisetzung ihres Sohnes, Kronprinz Rudolf, in die Kapuzinergruft hinunter, um mehr über die Hintergründe seines Ablebens zu erfahren.

In den 1880er-Jahren behauptete Sisi, der Dichter Heinrich Heine (1797–1856) führe ihre Hand aus dem Jenseits, wenn sie ihre Gedanken in ihrem Tagebuch niederschrieb oder Gedichte verfasste (von welchen sie mehrere Abschriften anfertigen ließ, um sie der Nachwelt zu erhalten, und mit einem Brief »An die Zukunfts-Seelen« hinterlegte). Sie hegte sogar romantische Gefühle für den verstorbenen Künstler, schrieb erotische Oden an ihn und sprach von einer »Seelenvermengung«. Elisabeth wollte zeitweise sogar sterben, um sich dem verblichenen Poeten vollständig hingeben zu können – nur die Angst vor dem Schmerz beim Dahinscheiden und die Sorge, dass das Totenreich womöglich nicht ihren Vorstellungen entsprach, hielten sie vom Selbstmord ab.

Länger soll er nicht mehr harren,
Und ich stürze mich hinab;
Und doch macht mein Blut erstarren
Dieses nasse, kalte Grab.

(Aus dem Gedicht »Auf den Wogen«, verfasst 1886 von »Titiana«, wie sich Kaiserin Elisabeth als Dichterin nannte)

Dazu muss der Vollständigkeit halber erwähnt werden, dass Sisi an Idiosynkrasie litt, an einer Überempfindlichkeit der Sinne, weshalb sie auf bestimmte Eindrücke stärker reagierte als andere Menschen. Es liegt also im Bereich des Möglichen, dass diese Tatsache, in Kombination mit Elisabeths lebhafter Fantasie, ihre Vorstellungen von Kontakten mit feinstofflichen Energien ausgelöst hat. Unter Umständen trug auch noch die Strenge am Wiener Hof und ihrer Schwiegermutter, der Erzherzogin Sophie, zu diesem Rückzug aus der Wirklichkeit bei. Sisi, die zuvor in der fröhlichen Familienatmosphäre der Wittelsbacher in Bayern aufgewachsen war, entzog sich diesem Reglement zuerst geistig, bevor sie es wagte, auch körperlich zu entfliehen und auf Reisen zu gehen.

Und zu guter Letzt gibt es auch noch einen Fluch, der unter Umständen nicht nur die Unglücksfälle erklärt, die sich ab der Mitte des 19. Jahrhunderts im Haus Habsburg zu häufen scheinen, sondern mit dem man auch die Wiederkehr mancher Familienmitglieder aus dem Jenseits als Ausdruck des Aufbegehrens gegen die Verwünschung deuten könnte:

Im September 1849 ließ der damals noch junge Kaiser Franz Joseph I. einen gewissen Graf Lajos Batthyány (1807–1849), erster Ministerpräsident des Königreichs Ungarn, während der Separationsbestrebungen Ungarns verhaften. Obwohl der Inhaftierte stets um Frieden bemüht war, verkündete Franz Joseph auf massives Betreiben des Feldherrn Julius Jakob Freiherr von Haynau (auch Schlächter Ungarns genannt) das Hinrichtungsurteil von Batthyány sowie weiteren 13 Generälen, die später als Märtyrer von Arad in die Geschichte eingingen. Bis zuletzt im Vertrauen auf den Gerechtigkeitssinn des österreichischen Monarchen nahm der Ministerpräsident keine Möglichkeit zur Flucht wahr, vereitelte sogar einen Befreiungsversuch seitens der Bevölkerung beim Transport in den Kerker. Als die Gnade jedoch ausblieb, versuchte er sich mit einem Dolch, den seine Ehefrau ins Gefängnis geschmuggelt hatte, die Halsschlagader aufzuschneiden, um ehrenvoll in den Tod zu gehen. Der Selbstmordversuch misslang jedoch – Graf Lajos Batthyány wurde schwer verletzt am 6. Oktober 1849 vor das Erschießungskommando geschleppt und trotz massiver Proteste im In- und Ausland in Pest (Teil der heutigen ungarischen Hauptstadt Budapest) erschossen.

Die Mutter des vom österreichischen Kaiserhaus Ermordeten, Borbála Skerlecz de Lomnicza, sprach nach Ablehnung des Gnadengesuchs für ihren Sohn folgende Worte in Gegenwart Kaiser Franz Josephs aus: »Himmel und Hölle solle sein Glück vernichten, sein Geschlecht soll vom Erdboden verschwinden, und er selbst soll heimgesucht werden in den Personen derer, die er liebt! Sein Leben sei der Zerstörung geweiht und seine Kinder sollen elend zugrunde gehen!«

Wien

Die Weiße Frau der Habsburger

Die Weiße Frau geistert als eines der bekanntesten Spukphänomene rund um den Globus, sucht sämtliche europäische Herrscherhäuser heim und kündigt bei ihrem Erscheinen meist eine drohende Gefahr an. Ob es sich dabei stets um ein und dasselbe Wesen handelt oder um verschiedene, dem jeweiligen Clan zugehörige tote Ahninnen bleibt unklar.

Einige Geisterforscher sind der festen Überzeugung, dass der Ursprung des umtriebigen Geistes tatsächlich im Haus Habsburg liegen müsse und es sich bei dem paranormalen Phänomen um eine dieser Familie angehörende verstorbene Person handle. Die Annahme basiert auf der Tatsache, dass die Weiße Frau in London erst zu dem Zeitpunkt in Erscheinung trat, als sich die von den Habsburgern abstammenden Lords von Fielding und Desmond in England niederließen. Auch in Spanien tauchte der Geist erst zusammen mit den Habsburgern auf. Dieser Theorie zufolge könnte man die Dame auch als »klassische Ahnfrau der Familie« bezeichnen, die entweder in mehreren Erscheinungen existiert oder sprachlich flexibel und recht reiselustig ist. Die meisten Habsburger hatten jedenfalls eine Heidenangst vor der Gestalt und deren stummen Botschaften, die erfahrungsgemäß nichts Gutes verhießen.

Bei der bekanntesten Erscheinung in Wien handelt es sich um die Weiße Frau in der Hofburg, dem Herrschersitz der Habsburger bis 1918. In dem über sieben Jahrhunderte gewachsenen Gebäudekomplex haben die Hausherren und -damen neben ihrem Herrschaftssitz im Laufe der Zeit einige ihrer wichtigsten Prestigeobjekte (verschiedene Museen, die Nationalbibliothek und die Augustinerkirche) untergebracht.

Den Grundstein zum Bau der Hofburg dürfte der Babenberger Leopold VI. von Österreich, »der Glorreiche«, gelegt haben. Unter dem Habsburger Rudolf I. HRR wurde die Hofburg als Teil der Wiener

Stadtbefestigung 1279 erstmals urkundlich erwähnt und unter Ferdinand I. ab Mitte des 16. Jahrhunderts zur Residenz ausgebaut.

In diesem historisch wohl wichtigsten Bau der österreichischen Hauptstadt spukt seit Jahrhunderten der Geist der Weißen Frau, über den im Lauf der Zeit schon viele Menschen berichtet und viele Autoren geschrieben haben. Er suchte einst mit Vorliebe die Herrscher – etwa Joseph II. oder auch Franz Joseph I. – heim, und zwar meist im Amalien- oder Reichskanzleitrakt. Trug die Weiße Frau schwarze Handschuhe (und das tat sie meistens) stand ein Todesfall bevor. Ihr letztes Erscheinen mit einer traurigen Botschaft für Ihre Majestät wird mit dem Ableben des Kronprinzen Rudolf und der Ermordung von Kaiserin Elisabeth in Verbindung gebracht. Heute erschreckt die Weiße Frau höchstens das Wachpersonal – doch sie macht sich rar in letzter Zeit, wie man aus der Hofburg hört.

Nicht ganz so bekannt ist der Geist aus dem Schottenstift, der im Jahr 1155 unter dem Babenberger Heinrich II. Jasomirgott (1107–1177) unter dem Namen »Unserer lieben Frau zu den Schotten« gegründeten Benediktinerabtei an der Freyung.

Damals wurden iro-schottische Benediktinermönche in die Hauptstadt berufen, die dem Herrscher durch den Aufbau des Klosters als Stätte des Glaubens und Wissens zu mehr Ansehen in der Bevölkerung verhelfen sollten. Nach Heinrichs Tod quartierte Albrecht II. HRR (1397–1439) im Jahr 1418 die iro-schottischen Mönche, die mehr dem Wein zusprachen als beteten, kurzerhand aus. Er siedelte deutschsprachige Benediktiner an, die das Stift, in dem ein Museum, ein naturhistorisches Kabinett, die Klosterbibliothek und eine Dokumentation zur Geschichte der Abtei zu besichtigen sind, bis heute leiten.

Im Jahr 2002 wurde im Hof des Schottenstifts dreieinhalb Meter unter der Erde ein Massengrab mit etwa 380 Skeletten freigelegt. Hier lagen die Toten, die in 12 bis 13 Lagen übereinandergeschichtet waren, Kopf an Fuß, die Arme in Gebetshaltung gefaltet. Wie sich bei näheren Untersuchungen herausstellte, handelte es sich bei den Verstorbenen um Opfer einer Seuche, die um 1500 in Wien gewütet haben muss.

Die Geschichte der Weißen Frau, die seit Jahrhunderten ruhelos in Gruft und Kirche des Klosters an der Freyung herumstreift, ist in zahlreichen Büchern und Annalen nachzulesen, ihre Existenz wurde darin von etlichen Augenzeugen bestätigt. Als besonders auffallend werden ihre riesigen schwarzen Augen beschrieben, mit denen die Dame angeblich so manch bösen Blick auf die Person wirft, an der sie vorüberschreitet. Außerdem wird die Weiße Frau auch oft mit Kindern an der Hand gesichtet. Früher soll sie den Mönchen bevorstehendes Unheil angekündigt haben und auch heute noch manchmal zu sehen sein.

Einige Spukhistoriker vermuten, dass es sich bei dem Geist um die böhmische Adelige Bertha von Rosenberg (1425–1476) handelt, die im Jahr 1473 den Tod ihres gewalttätigen Gatten, Johann V. von Liechtenstein, in weißer Kleidung feierte und diese auch später nicht ablegte. Als Strafe für diesen »Frevel« kann die Seele der »lustigen Witwe« angeblich nicht erlöst werden, sie muss bis in alle Ewigkeit als Geist umherwandeln. Nach Berthas Tod während eines Verwandtenbesuchs im Haus Liechtenstein (Wien 1, Herrengasse 6–8) wurde die sterbliche Hülle der Adeligen in der Kirche des Schottenstifts beigesetzt.

So schreibt Karl Freiherr von Czoernig in den 1869 erschienenen »Mittheilungen der Kaiserl. Königl. Central-Commission zur Erforschung und Erhaltung der Baudenkmale«:

Der Tod trennte endlich nach 24 Jahren langer Dauer eine Ehe, deren beklagenswerther Inhalt in den schmerzerpressten Worten Bertha's an ihren Vater liegt: O hätte doch der liebe Gott mich an jenem Tag, wo ich ihm übergeben wurde, als Leiche gezeigt! …

Bertha selbst überlebte ihren Gatten kaum drei Jahre. Sie starb zu Wien am 2. Mai 1476 und wurde bei den Schotten daselbst, nicht neben ihrem Gemahl zu Maria Stiegen (Kirche Maria am Gestade, Wien 1, Salvatorgasse 12) *beerdigt.*

Berthas Grabstein ist jedoch schon vor längerer Zeit unter mysteriösen Umständen aus der Gruft verschwunden, wie Czoernig berichtet.

Zwischen den Habsburgern und den Rosenbergern gab es viele geschäftliche und private Verbindungen, was an der roten fünfblättrigen Rose als Zeichen einer gemeinsamen Geschichte an vielen Gebäuden, Toren und Grabsteinen in Österreich wie auch in Böhmen ersichtlich ist. Berthas Vater, Ulrich II. von Rosenberg, führte in Wien

Damals wie heute geistert die Weiße Frau der Habsburger durch die altehrwürdigen Räumlichkeiten der Hofburg und warnt vor Unheil.

diplomatische Verhandlungen darüber, wer nach dem Tod des Habsburgers Albrecht II. HRR (König von Ungarn, Kroatien und Böhmen) Nachfolger auf dem böhmischen Thron werden sollte. Man munkelte damals, dass Ulrich bei einem seiner zahlreichen Besuche in der österreichischen Hauptstadt eine Habsburgerin schwängerte, ihr das neugeborene Kind wegnahm und seiner Gattin Katharina nach Böhmen brachte, die es »Bertha« taufte.

Neben der Weißen Frau soll das Schottenstift auch noch einen weiteren Geist beherbergen, und zwar einen männlichen. Vermutlich handelt es sich dabei um die ruhelose Seele des um sein Erbe betrogenen Herzog Johann Parricida von Habsburg (1290–?), des Neffen von Albrecht I.

Der österreichische Herzog Albrecht I. HRR (1255–1308), Sohn von Rudolf I. HRR (1218–1291), wurde Ende des 13. Jahrhunderts deutscher König und verfolgte ab diesem Zeitpunkt eine strenge Erbpolitik, für die er sich sogar mit dem König von Frankreich verbündete. Im Zuge dieses Paktes schob er allerdings einige seiner Verwandten rücksichtslos ins Abseits. Johann Parricida wollte sich jedoch nicht mit Almosen abspeisen lassen. Nach dem Tod seiner Mutter Agnes, einer böhmischen Königstochter, im Jahr 1296 drängte er seinen Onkel immer wieder zur Herausgabe seines väterlichen Erbes, das ihm laut Rheinfelder Vertrag wegen des Verzichts auf die Mitherrschaft zugestanden wäre. Der schlaue Adelige vertröstete seinen Neffen jedoch immer wieder, weshalb Johann Parricida in der Bevölkerung schon als *hertzog anlant* Herzog ohne Land – verspottet wurde. Eines Abends riss dem Gedemütigten bei einem von Albrecht gegebenen Gastmahl in Winterthur (Schweiz) der Geduldsfaden: Zu später Stunde warf er dem König, der jedem einzelnen Gast zum Abschied einen Blumenkranz überreichen ließ, diesen ins Gesicht und schrie: »Ich bin zu alt, um von dir noch länger mit Blumen abgespeist zu werden. Ich will, was mir von Rechts wegen zusteht!« Albrecht zog sich daraufhin beleidigt in seine Gemächer zurück, nicht ohne zuvor erwidert zu haben: »Nur über meine Leiche!« Das könne er haben, mochte sich Johann Parricida in diesem Moment gedacht haben. Da für den Herzog das Maß nun endgültig voll war, verschwor er sich mit einigen schwäbischen Rittern gegen seinen Onkel, den König.

Als sich Albrecht I. am 1. Mai 1308 auf dem Heimweg zu seiner Frau befand und durch einen kleinen Wald nahe Windisch (Schweiz) ritt, lauerten ihm die Männer auf und stellten ihn. Johann ritt auf seinen Onkel zu und spaltete ihm unter lautem Gebrüll mit seinem Schwert den Schädel.

Es heißt, der Neffe sei danach aus Angst vor der Todesstrafe für sein Vergehen »ins Leo« beim Schottenstift geflüchtet – es handelte sich dabei um einen der Asylsteine, die sich im Mittelalter in der Nähe von Gotteshäusern befanden. Diese ermöglichten es Verbrechern, sich nach ihrer Untat dem weltlichen Recht zu entziehen und ihr Schicksal in Gottes Hände zu legen. Nicht wenige Übeltäter sind im Mittelalter bis an ihr Lebensende hinter Kirchen- oder Klostermauern verschwunden. Seinen Namen hat »das Leo« von seinem Schöpfer, dem Babenberger Leopold VI. (1176–1230).

Doch den Schottenmönchen war die Sache mit dem Königsmörder zu gefährlich und sie hielten die Klostertüren für Johann Parricida geschlossen. Einige Wiener wollen damals den vor den Toren des Stifts kauernden Herzog noch drei Wochen nach der Bluttat gesehen haben. Danach verschwand er spurlos. Sein Geist jedoch wandert angeblich noch heute in der Gegend herum und wird immer wieder nahe dem Stift gesehen – einmal soll die schemenhaft erkennbare Gestalt sogar vor den Augen dreier Touristen aus den USA, die beim Anblick der Spukerscheinung zu Salzsäulen erstarrt waren, mit einem Finger das Kürzel JP in die Luft gemalt haben.

Doch auch das Mordopfer, Albrecht I., findet keine Ruhe. Seine unerlöste Seele streift offenbar noch immer rund um die Hofburg, in der er sich aufhielt, wenn er in Wien weilte.

Dort begegnete er dem 68-jährigen Geschichtsprofessor Robert G., der ihn aufgrund einiger signifikanter Merkmale eindeutig identifizieren konnte.

In alten Büchern wie etwa »Österreich unter den Königen Ottokar und Albrecht« von Franz Kurz findet man unter anderem einige Hinweise auf das äußere Erscheinungsbild des Habsburgers:

Albrecht speisete in den ersten Tagen des Monathes November 1295 in seiner Burg zu Wien (Hofburg). *Plötzlich wich alle Kraft von seinem Körper, und alle Zeichen einer Vergiftung äußerten sich. Der Herzog sprach zu den Anwesenden: Schließet die Thür, daß niemand hereinkomme; auf dem Tisch befindet sich Gift.*

Es wird vermutet, dass der zukünftige König ursprünglich auf diese Art getötet werden sollte, man fand jedoch damals keinen Schuldigen.

Viele Aerzte wurden herbeygerufen, die dem Herzog Gewürzmischungen als abführendes Mittel verabreichten. Als man ihm damit keine Linderung verschaffen konnte, *nahm man zu einem Mittel die Zuflucht, welches uns einen klaren Beweis von dem traurigen Zustande gibt, in welchem sich damahls noch die Heilkunde befand. Die Aerzte hingen den Herzog bey den Füßen auf, damit sich das Gift aus dem Magen gegen den Kopf hinab senken, und durch den Mund, durch die Nase, Augen und Ohren weggehen sollte. In dieser qualvollen Lage musste Albrecht eine längere Zeit hindurch verbleiben. Zu seinem Glücke verließ ihn bald alle Besinnung, und er glich vollkommen einem Menschen, welchen der Tod bereits von seinen Leiden befreyet hat.*

Der Patient überlebte die Prozedur, obwohl bereits die Nachricht von seinem Tod kursierte und sogar seine Frau Elisabeth erreichte, die ihm in Graz erst einige Tage zuvor eine Tochter geboren hatte.

Unbekümmert um ihr eigenes Leben flog (natürlich ist damit »eilte« gemeint) *sie nach Wien, und fand ihren Albrecht noch lebend, aber ganz entstellet und kraftlos. Er erholte sich wieder; aber ein Auge hatte ihm das Aufhängen an den Füßen geraubt, und die blühende Lebensfarbe, die zuvor sein Angesicht zierte, war auf immer dahin.*

Es wird auch gemutmaßt, dass die wegen Albrechts Koliken herbeigerufenen Ärzte dem Herzog nach dem Aufhängen ein Auge ausstachen, damit das Gift durch diese Öffnung entweichen konnte.

Robert G. berichtet: »Die Spukgestalt hatte nur ein Auge und in einer Gesichtshälfte ein Loch, außerdem griff sich der Geist immer wieder mit beiden Händen an den Hals, als er auf der Ringstraße in Höhe der Hofburg in Uniform an mir vorbeiging. Und eines kann ich auch noch sagen«, so Robert G., »um die leicht flackernde Gestalt herum war es eiskalt und es hat entsetzlich gestunken. Ich hab kein Problem mit Geistern, aber ich hatte zwei Stunden lang eine Gänsehaut von der Kälte direkt neben mir und bekam den Geruch nach Fäkalien den ganzen Tag nicht mehr aus der Nase.«

Auf zwei von Albrechts Söhnen, Friedrich I., (»der Schöne«) und Albrecht II., (»der Lahme«), dürfte ebenfalls ein Giftattentat verübt worden sein, auf beide im Jahr 1330. Ein Bruder starb, der andere überlebte den Anschlag. Über Friedrich, der auf Burg Gutenstein in Niederösterreich sein Leben aushauchte, hieß es: *Er starb an Gift, da unzählige Würmer aus seiner Haut hervorbrachen*. Bei Albrecht II. hat die vermutlich bei einem Mahl in der Hofburg verabreichte Dosis zu zeitweiligen Lähmungen an Händen und Beinen geführt. Unter Umständen litt er aber nur unter Polyarthritis.

Wegen etlicher tragischer Ereignisse in der Habsburgerresidenz spuken aber offenbar nicht nur *um*, sondern auch *in* der Hofburg noch weit mehr Geister als nur die Weiße Frau.

Der Schriftsteller Alexander Lernet-Holenia – angeblich ein geheimer Sohn von Erzherzog Karl Stephan –, der bis zu seinem Tod im Jahr 1976 im zweiten Stock des Reichskanzleitrakts der Hofburg lebte, erzählte seinen Bekannten und Freunden im Jahr 1974 von der wiederholten geisterhaften Rückkehr seines verstorbenen Hundes Cinderella.

Aber auch die Wiener Autorin Lotte Ingrisch-Einem (* 1939), die bis heute in dem Gebäude wohnt, berichtet von regelmäßigen Spukerscheinungen:

»Früher haben mein Mann, Gottfried von Einem, und ich im dritten Stock gewohnt, dort, wo vor uns der Förster von Kaiser Franz Joseph, seine Schwiegertochter und zuletzt der Mesner des Stephansdoms lebten. Es war eine schöne Wohnung, aber mein Mann wurde älter, der Lift war oft defekt und so haben wir getauscht und sind ins Mezzanin hinuntergezogen. Die Wohnung hat circa 100 m^2, aufgeteilt auf drei große Zimmer. Die Fenster gehen hinaus in den inneren Burghof, das runde Fenster geht sogar direkt in die Michaelerkuppel.

Ich fühle mich hier sehr wohl. Es gibt weniger Störfelder als im dritten Stock. Auch die Geister der Habsburger sind im Mezzanin seltener zu Besuch, was wohl daran liegt, dass die Wohnung in der zweiten Hälfte des 20. Jahrhunderts fast ununterbrochen als Amt genutzt wurde. Aber ein bisschen spürt man den Atem der Habsburger schon noch. Manchmal bekomme ich Besuch von ihnen.

Hinten neben dem runden Fenster ist das Kraftfeld am stärksten. Da sitze ich manchmal und sehe Menschen und Katzen, die gar nicht mehr hier sind. Und manchmal steht draußen vor der Wohnungstür eine Wahnsinnige, die mit Orden behangen ist und behauptet, sie sei die Herrscherin von Österreich. Nein, das erschreckt mich nicht, nicht im Geringsten! Ich mag es, wenn es spukt, wenn die Toten ein und aus gehen.«

Einmal sei ihr ein unbekannter Soldat zu Füßen gelegen, der bitterlich weinte und beteuerte, dass er unschuldig sei und diese Krankenschwester nicht vergewaltigt habe. Lotte Ingrisch hat danach recherchiert und herausgefunden, dass sich in diesem Trakt der Hofburg und in ihrer Wohnung im Ersten Weltkrieg ein Lazarett befunden hat.

Das aktuellste, historisch aber nicht belegte Phänomen ist die Weiße Frau in der Wiener Michaelerkirche, die im 13. Jahrhundert errichtet wurde und neben der Augustinerkirche als Hofpfarre der Habsburger galt.

Unter diesem Gotteshaus, in dem in einer Gruft zahlreiche Leichen aufgrund der besonderen klimatischen Verhältnisse nicht verwesen, ist die Wienerin Maria G. einer Weißen Frau begegnet:

»Ich hatte mir die Katakomben der Michaelerkirche zuvor noch nie angesehen, weil sie mich nicht so interessiert haben. Doch dann kam Franz aus Deutschland zu Besuch, ein Freund der Familie mit einem Hang zum Morbiden. Und er fand es schon total aufregend, dass wir in dem Gotteshaus über die Grabsteine Adeliger schritten, die sich einst gegen ein Entgelt eine der damals elitären Begräbnisstätten sicherten. Er wollte natürlich auch unbedingt hinunter in die Gruft, nachdem ich ihm unvorsichtigerweise von den dort schlummernden Mumien erzählt hatte. Er organisierte sofort eine Teilnahme an der nächsten Führung.

Die für ihre Beerdigung fein herausgeputzten, mit ledriger Haut überzogenen Skelette waren zwar kein schöner Anblick, aber besonders gruselig fand ich die modrige Szenerie eigentlich nicht. Der Stimme des Guides lauschend, der uns die Geschichte der Katakomben erzählte, versank ich in der wehmütigen Stimmung, die sich in der Gruppe breitmachte. Als ich mich einmal zur Seite wandte, um meinen Blick schweifen zu lassen, sah ich eine ›Weiße Frau‹ reglos in einer Nische stehen – ›der Klassiker‹, dachte ich und war, wenn auch im ersten Moment erschrocken, im zweiten nicht einmal großartig erstaunt. Dann fragte ich mich, ob ich nicht halluziniere … das soll ja vorkommen in so einem Gruselgemäuer. Doch das Wesen schien wirklich zu sein. Es trug ein weißes Kleid und weiße Schuhe, hatte langes helles Haar und große dunkle Augen, die mich traurig ansahen. Da ich weder Aufsehen erregen noch Mitleid für meine ›angeschlagene Psyche‹ ernten wollte, drehte ich mich mit einem möglichst normalen Gesichtsausdruck wieder zur Runde. Dabei fing ich den Blick einer sommersprossigen rothaarigen Touristin auf, die wie gebannt zu der Nische starrte. ›Oh je‹, dachte ich noch. Unmittelbar darauf kam auch schon Hektik auf. Die Frau rief: ›Oh my god‹, schlug sich die Hand vor den Mund, machte eigenartige Geräusche und schlug danach in Panik nach ihrem Gatten, einem hölzern wirkenden, schlaksigen, großen Mann mit grauen Schläfen. Normalerweise hätte ich mich in einer derart skurrilen Situation nicht halten können vor Lachen, doch die Frau war schneeweiß um die Nase und drohte jeden Moment zusammenzuklappen. Und ich selbst fühlte mich mittlerweile auch nicht mehr ganz wohl in meiner Haut, muss ich gestehen. Der Mann stammelte konfus: ›Darling … what's … Honey, please …‹, die anderen Leute sahen sich ratlos an, nur der Guide behielt die Nerven und rief: ›Leo‹ in die Dunkelheit, woraufhin ein junger Mann erschien, der die Rothaarige am Arm nahm und wegführte. Der ebenfalls bleich gewordene Gatte folgte, fahrig gestikulierend und immer wieder: ›Darling … Honey …‹ und andere Kosenamen stammelnd.

Franz grinste, doch als er meinen Blick sah, wurde er ernst. Ich flüsterte ihm zu, dass mir übel sei und ich ebenfalls nach oben gehen würde, er solle bleiben. Mit einem mittlerweile schmerzhaften Druck auf der Brust und heftigen Beklemmungen stolperte ich dem Ausgang zu. Vor der Michaelerkirche standen die rothaarige Touristin und ihr Gatte. Die Frau hielt sich ein Taschentuch vor den Mund und Tränen glitzerten auf ihren Wangen. Ich ging zu ihr und sprach sie mit meinem Schulenglisch an. Sandy, so hießt die Frau, erzählte mir, dass sie ein Gespenst gesehen hätte, und beschrieb ›meine‹ Weiße Frau. Ich bestätigte ihre Wahrnehmung, damit zumindest ihr Gatte sie nicht für klapsmühlenreif hielt. Sandy und ihr Mann, beide aus Schottland, zogen dann, mehr oder weniger aufgelöst, von dannen. Etwa 15 Minuten später kam Franz aus der Kirche und fragte mich, was denn los gewesen sei, doch ich redete mich auf Beklemmungen aufgrund der stickigen Luft aus.

Meine Mutter, der ich mich einige Tage später anvertraute, erzählte mir, dass immer wieder Menschen nach einem Besuch in der Michaelergruft von einer ›Frau in der Nische‹ berichtet haben.«

Über die Identität dieser Dame in der Gruftnische wird vermutet, dass Erzherzogin Maria Anna, die jüngere Schwester Maria Theresias, dort herumgeistert – allerdings nicht um Menschen vor drohendem Unheil zu warnen, sondern auf der Suche nach ihrer »Aja«, Karoline von Fuchs-Mollard. Die Gräfin war im Jahr 1728 als Erzieherin der zum damaligen Zeitpunkt zehn und elf Jahre alten Mädchen eingestellt worden und entwickelte vor allem zu Maria Theresia ein sehr inniges Verhältnis. Von ihr wurde sie liebevoll »meine Füchsin« gerufen, 1736 zur Oberhofmeisterin ernannt und auf ihren ausdrücklichen Wunsch als einzige Nicht-Habsburgerin in der Kapuzinergruft bestattet. Ihre Herzurne befindet sich in der Mollard-Gruft unter der Michaelerkirche. Und es heißt, dass Maria Anna ihre »Aja« sehr geliebt hat, stets eifersüchtig auf das gute Verhältnis Karolines zu ihrer Schwester war und bis heute vergeblich die Nähe ihrer Erzieherin und zugleich nach Aufmerksamkeit und Anerkennung suchen soll.

Schwarze Schatten im Dom und ein Zischen in den Kunstkammern

Errichtet ab 1137 aus Muschelkalksandstein sowie Steinen der alten Stadtmauer und römischen Grabplatten, handelt es sich beim römisch-katholischen Stephansdom um eine der wenigen Kathedralen Europas, die bereits im Mittelalter fertiggestellt wurden. Der Bauplatz, der damals noch außerhalb der Stadt lag, hatte zu dem Zeitpunkt bereits eine bewegte Vergangenheit: Vom 5. bis zum 1. Jahrhundert v. Chr. haben sich hier die Kelten mit Orakeln und kultischen Riten beschäftigt, danach wurde an der Stelle vermutlich ein römischer Tempel erbaut. Im Frühmittelalter soll sich dort ein Friedhof und im 9. Jahrhundert eine kleine Dorfkirche befunden haben.

An der Errichtung des imposanten Gotteshauses wirkten bis zur endgültigen Fertigstellung insgesamt 19 Baumeister mit, welche die Stilrichtungen Romanik, Gotik und Renaissance am Dom verwirklichten. Sie arbeiteten dabei unter der strengen Überwachung durch Herrscher wie den Babenberger Heinrich II. sowie die Habsburger Albrecht I. HRR, Herzog Albrecht II., Herzog Rudolf IV. und Friedrich III.

Der Stephansdom hat vier Türme (Süd- und Nordturm, zwei Heidentürme), fünf Tore (Riesen-, Singer-, Bischofs-, Adler- und Primglöckleintor) und 22 Glocken. Er ist 107,2 Meter lang, 34,2 Meter breit und wiegt geschätzte 200 000 Tonnen. Der höchste Punkt des Bauwerks ist die Spitze des Südturms in einer Höhe von 136,44 Metern.

Seine heutige Gestalt erhielt das Wiener Wahrzeichen, das dem 36 n. Chr. als Märtyrer gesteinigten heiligen Stephanus geweiht ist, im 14. Jahrhundert. Damals wurde auch der Chor auf einem Teil des die Kirche umgebenden Friedhofs (»Stephansfreithof«) errichtet, an den bis heute einige an den Wänden angebrachte Grabplatten und Totenleuchten erinnern. Bis heute nahezu unverändert blieb nur der älteste

Teil des Doms, die Westwand mit dem Riesentor (Haupteingang) und den beiden Heidentürmen.

Und dass es in dieser »versteinerten Arche Noah« (Gerhard Roth) spuken *muss*, wird sogar dem Ungläubigsten klar, wenn er von der hier angewandten Symbolik erfährt. Diese hat allerdings eher mit (freimaurischer) Zahlenmystik (basierend auf der Drei und Vier) zu tun als mit religiöser Gesinnung und verwandelt das gesamte Areal in ein einziges Spannungsfeld auf feinstofflicher Ebene – eine echte »Wohlfühlzone« für Geister.

Dazu ein Beispiel: Nach alten Angaben ist der gesamte Bau 333 Fuß (= 107,2 Meter) lang und der Südturm 444 Fuß (=136,4 Meter) hoch. Setzt man nun hinter die Drei eine Sieben (Drei + Vier), also 37, erhält man bei einer Multiplikation mit wiederum der Drei die Breite des Steffls, nämlich 111 Fuß (34,2 Meter). Das Treppengeländer zur Kanzel setzt sich aus stilisierten Rädern zusammen, einem »Dreipass« und einem »Vierpass«. Die Anzahl der Stufen der Treppe zur Türmerstube beträgt 343 (7 x 7 x 7). Im Langhaus schmücken insgesamt 77 Figuren und Figurengruppen den Weg zum Hochaltar. Zwölf (3 x 4) Türmchen schließen den Unterbau des Südturmes ab. Und die Fenster im Langhaus bestehen aus je vier, die Chorfenster im Priesterbereich aus je drei Teilen.

Eine weitere Einladung für jenseitige Wesen dürften die allegorischen Darstellungen von über fünfzig Skelettschädeln sein, die mit der katholischen Mahnung »Memento Mori!« auf die Vergänglichkeit des irdischen Seins hinweisen und die Menschen an ihre Sterblichkeit erinnern sollen.

Noch mehr Totenköpfe und sogar komplette Skelette befinden sich in den Katakomben unter dem Dom.

Als die Erbauer des Doms im Zuge der Errichtung des Chors einige Wohnhäuser abreißen ließen, wurden deren Keller zum ersten Raum der *alten Crufften* umgebaut. Dort ließ Rudolf IV. (1339–1365), genannt »der Stifter«, die Herzogsgruft einrichten, in der man einige Habsburger beisetzte (die seit 1754 in der »neuen Herzogsgruft« ruhen). 1530 verordnete Ferdinand I. aus sanitären Gründen ein Begräbnisverbot am »Stephansfreithof«, doch dieses wurde zur Zeit der Zweiten Türkenbelagerung (1683) und der Pestepidemien (1679 und

Im Kunsthistorischen Museum sind nicht nur die Schätze der Habsburger zu bewundern, sondern auch ein herumgeisternder und zischender Kaiser Ferdinand I.

1713) umgangen. Die hygienischen Zustände verschlimmerten sich zusehends, die vielen Leichen unter der Stadt verseuchten das Trinkwasser. 1647 begannen erste Umgestaltungen und Erweiterungen der Grufträume unter dem Dom. Ab 1654 wurden dort auf Wunsch von Kaiser Ferdinand III. HRR die Eingeweide der verstorbenen Habsburger in Urnen bestattet. Um 1742 war die vergrößerte Begräbnisanlage bereits »wegen Überfüllung geschlossen«, worauf unter einem Teil des Friedhofsgeländes »neue Grüfte« erbaut wurden, die im 19. Jahrhundert die Bezeichnung »Katakomben« erhielten.

Doch sämtliche großzügigen Erweiterungen der unterirdischen Nekropole änderten nichts an den für heutige Begriffe katastrophalen hygienischen Zuständen. Man musste die Toten aufgrund des akuten Platzmangels zu früh exhumieren und warf die halb verwesten Leichen in die bereits vorhandenen alten Grufträume unter dem Dom. Schon bald verpestete der Fäulnisgeruch vor allem im Sommer die Luft im und um den Steffl, der wegen *üblen Geschmachs* teilweise nicht benutzt werden konnte.

An die 11 000 Menschen sind bis zum von Kaiser Joseph II. im Jahr 1783 verhängten Verbot der Leichenbestattung unter der Kirche beigesetzt worden, jeder einzelne Name ist in den Totenbüchern des Domarchivs vermerkt.

Anfang des 19. Jahrhunderts war die Begräbnisanlage völlig verwahrlost, deshalb wurden Mönche und Sträflinge hinuntergeschickt, um Ordnung zu schaffen. Als es in der Nekropole wieder halbwegs passabel aussah und durch das Schlichten der vielen Särge auch wieder Platz geschaffen war, konnte das Geschäft mit dem (damals illegalen) Katakomben-»Tourismus« beginnen.

Heute kann nur noch ein kleiner Teil des riesigen Katakombensystems, das durch einen Eingang im linken Seitenschiff des Doms betreten wird, besichtigt werden. Zu sehen sind Särge und Gefäße, Steindenkmäler und ein paar Knochen.

Ebenerdig im Dom ruht unter anderem Rudolf IV. in einem Kupfersarg in der von ihm gegründeten Herzogsgruft.

Seinen Beinamen »der Stifter« erhielt der Habsburgerherzog für den Ausbau der Kirche St. Stephan sowie die Gründung der Universität Wien, die heute noch »Alma Mater Rudolphina« heißt. Beide »Stiftungen« erfolgten in Konkurrenz zu seinem Schwiegervater Karl IV. HRR, dem Vater von Katharina von Luxemburg, der Prag mit der Errichtung des Veitsdoms und der Karls-Universität zu einem Kulturzentrum ausbaute.

Besonders am Herzen lag Rudolf IV. jedoch der Stephansdom. Nach einer Sage führte der junge Herzog im Jahr 1357 seine beiden Brüder, Leopold III. und Albrecht III., in die in Bau befindliche Herzogsgruft und bat: »Reicht mir eure Rechte, meine lieben Brüder, und schwört mir, dass ihr mich in dieser Gruft als den ersten Habsburger zum ewigen Frieden betten werdet, die nun fürderhin die Herzogsgruft unseres glorreichen Hauses sein soll.« Er ersuchte die beiden außerdem, den Bau des Doms in seinem Sinne weiter voranzutreiben und die Kirche zum kulturellen Mittelpunkt von Wien zu machen.

Nur acht Jahre später verstarb Rudolf IV., der zu dem Zeitpunkt bereits seit einiger Zeit an einer Gesichtslähmung litt (ebenso wie zuvor bereits sein Vater, Albrecht II.), völlig unerwartet im Alter von 26 Jahren in Mailand. Man behandelte seinen toten Körper zu Konservierungszwecken mit Rotwein und nähte ihn, in ein kostbares Leichentuch gewickelt, in eine Rinderhaut ein. Danach wurde die Leiche von Italien über die Alpen nach Wien gebracht und – wie es sich der Herzog gewünscht hatte – in der Herzogsgruft unter dem Stephansdom beigesetzt. Sein prunkvolles, von ihm selbst in Auftrag gegebenes Grabmal beim Nordchor blieb leer – bis auf das Leichentuch, das sich aus ungeklärten Gründen darin befand.

Dem Geist von Rudolf IV., der als einer der engagiertesten und zielstrebigsten Herrscher galt und schon als Teenager stolz mit aufrechtem Gang umhergeschritten sein soll, begegnet man im Dom sowohl in der Herzogsgruft als auch in den heiligen Hallen in der Nähe seines leeren Kenotaphs (Scheingrab). Der junge Mann erscheint laut Berichten ausschließlich jungen Mädchen, die sich die Katakomben ansehen, die Kirche besichtigen oder in St. Stephan einer Messe beiwohnen.

In der Nekropole unter dem Steffl schreitet der vornehme Habsburgerherzog als schwarzer Schatten durch die Gänge und erschreckt hübsche »Jungfern«.

So auch die heute 22-jährige Katharina Wartmann, die zusammen mit ihrem Freund aus Calgary, Kanada, im Sommer des Jahres 2009 die Katakomben besichtigte.

»Ich stand neben Luke in dem niedrigen Gang mit der abgestandenen Luft und blickte durch ein Gitter auf die Knochen dahinter, als ich einen kühlen Hauch an meinem rechten Ohr spürte. Da ich nur mit einem T-Shirt und einer dünnen Weste bekleidet war und in dem Gewölbe unter der Erde entsetzlich fror, fand ich das sehr unangenehm und blickte mich ärgerlich nach dem Verursacher des Luftzugs um. Doch hinter uns stand niemand und mein Freund befand sich an meiner linken Seite. Ich nahm daher an, dass ein Windstoß von oben in den Gang gefegt war und mich gestreift hatte. Gerade als ich meinen Blick wieder auf die aufgeschichteten Gebeine rechts von mir richten wollte, hörte ich dort leise, aber deutlich, eine Stimme wispern, die sagte: ›Jungfer fein, was sind sie hübsch!‹ Reflexartig schlug ich mir mit der Hand auf die Stelle, an der ich erneut einen Atemzug spürte, nachdem die Worte verklungen waren. Luke schaute mich entgeistert an, als ich mir praktisch selbst eine Ohrfeige verpasste. Im selben Moment sah ich einen schwarzen Schatten an mir vorbeistreichen, der durch das Gitter in die Kammer mit den Skeletten verschwand und dort mit der Dunkelheit verschmolz.

Als Nächstes registrierte ich, dass sich auch die anderen Besucher der Katakomben umgedreht hatten und mich neugierig musterten, während ich fassungslos in den Raum rechts von mir starrte. Als Luke sich räusperte, kam ich wieder zu mir, drehte mich um, lief bis zum Ende der Gruft und dort die Stufen hinauf. Mein Freund folgte mir wortlos. Oben in der Kirche angekommen, rieb ich mir pausenlos panisch über die rechte Gesichtshälfte, was mir erst auffiel, als Luke mich darauf aufmerksam machte. Er wollte wissen, was mit mir los sei. Ich war total hysterisch und brach in Tränen aus. Später hab ich meinem Freund bei einem Schnaps im nächsten Café, den ich wirklich gebraucht habe, um mich zu beruhigen, alles erzählt.

Ich werde die Worte, die mir dieser Schatten ins Ohr geflüstert hat, nie vergessen – ich habe mich noch nie in meinem Leben so gefürchtet wie damals in den Katakomben.«

Wahrscheinlich macht sich Rudolf IV. einen Spaß daraus, Besucherinnen der Gruft zu Tode zu erschrecken – jedenfalls soll der junge Herzog bereits zu Lebzeiten in Gegenwart hübscher Damen zu Scherzen aufgelegt gewesen sein. Ein echtes Anliegen scheint er jedenfalls nicht zu haben.

Warum er oben im Dom sein Unwesen treibt, ist unklar. Vielleicht ist er auf der Suche nach seinem Leichentuch, das bei der Öffnung des Kenotaphs im Jahr 1933 entdeckt und entnommen wurde und den Historikern bis heute Rätsel aufgibt. Das sogenannte »Wiener Grabtuch«, das sich heute im Dom- und Diözesanmuseum befindet, wurde im 14. Jahrhundert vermutlich im Iran hergestellt und stammt aus dem mongolischen Herrschaftsbereich. Wie der mit Goldfäden gewebte Seidenstoff mit den arabischen Schriftzeichen, in den man Rudolf IV. nach seinem Tod hüllte, nach Mailand kam, ist bis heute ungeklärt.

Rudolf IV. hat nicht nur den Stephansdom gebaut, den er bis heute als Geist unsicher macht, und die Wiener Universität gestiftet, er gilt auch als Gründer des habsburgischen Hausschatzes. Vermutlich, weil er Kostbarkeiten liebte und sammelte – wie viele seiner Nachfahren übrigens auch.

Als Anhäufung wertvoller Gegenstände wie Gerätschaften aus Gold und Silber, Münzen, Edelsteinen und Schmuckstücken sowie ideeller Urkunden, Insignien und Reliquien wuchs die Kunstsammlung im Laufe der Zeit unter etlichen Kaisern kontinuierlich an.

Hatte Maximilian I. seine Schätze allerdings noch in Gewölben verborgen, widmete sein Enkel, Ferdinand I., ihnen im Jahr 1558 eigene Räumlichkeiten. Es entstand die »Kunsst Camer« als erstes Museum nördlich der Alpen, dessen Fundamente – circa 20 x 6 Meter – Historiker im Jahr 2013 bei Ausgrabungen in der Hofburg nahe dem Schweizertor entdeckten. Dort wurde die Sammlung zum ersten Mal geordnet, weshalb Ferdinand I. als Begründer der Kunstkammern in Wien gilt. Später wurde diese mit den Sammlungen aus Schloss Ambras und dem Hradschin, der kaiserlichen Palastanlage auf dem Prager Burgberg, erweitert.

Ab dem frühen 17. Jahrhundert wurden bereits Führungen durch die »Kunst- und Wunderkammern« veranstaltet. In der Sammlung befanden sich damals neben wertvollen Objekten zahlreiche Gegenstände aus Holz, Stein und Eisen, darunter außergewöhnliche, seltene und exotische Stücke. Die Freude der Herrscher an den »Naturalia« entsprang deren Wissensdurst und naturwissenschaftlichen Interessen, bei den Artefakten kamen die künstlerische Qualität sowie historische Gründe hinzu. Die Benutzbarkeit der Objekte spielte eine untergeordnete bis gar keine Rolle. Eine Ausnahme bildeten diesbezüglich die Uhren, Automaten und wissenschaftlichen Instrumente, bei denen insbesondere die Mechanik der eigentliche Gegenstand der Bewunderung war. Die Kunstkammern galten in ihrer Gesamtheit als Spiegel des Kosmos, sie stellten die Summe des damaligen Wissens über die Welt dar und veranschaulichten deren Beherrschung. Der bedeutendste Sammler der Exponate für die habsburgischen Kunstkammern war Kaiser Rudolf II.

Ferdinand I. HRR (1503–1564), der erstmalig Ordnung in der wertvollen Erbsammlung der Habsburger schaffte, wurde nahe Madrid als Sohn von Philipp I. und Johanna von Kastilien geboren. Erzogen hat ihn allerdings sein Großvater Ferdinand II. von Aragón. Ferdinand sollte den spanischen Thron erben, den später jedoch sein älterer Bruder Karl V. für sich beanspruchte. 1518 verließ der Habsburger als junger Mann sein Heimatland und wurde aufgrund eines Vertrages, den sein anderer Großvater, Maximilian I., mit König Wladislaw II. von Ungarn und Böhmen geschlossen hatte, mit dessen Tochter Anna vermählt. Nach Maximilians Tod erhielt Ferdinand – gegen den Willen von Karl V. – im Wormser Teilvertrag vom 21. April 1521 Österreich, Kärnten, die Steiermark, Krain und Tirol zugesprochen, wodurch er die österreichische Habsburgerlinie begründete. In Österreich fühlte sich Ferdinand allerdings nicht heimisch, da er die Landessprache nicht beherrschte und vom Volk nicht anerkannt wurde. In Wien war die Opposition gegen ihn am größten, sodass er im Jahre 1522 radikal gegen seine Gegner vorging, deren Anführer nach Wiener Neustadt bringen und sieben von ihnen auf dem Hauptplatz enthaupten ließ (»Wiener Neustädter Blutgericht«). Der Standort des Schafotts ist in der Stadt noch heute durch eine besondere Pflasterung markiert. Nach seinem Tod gingen die habsburgischen Erblande auf seine drei Söhne über und wurden unter ihnen aufgeteilt.

Ferdinand I. galt als erzkatholischer und bescheidener Mann und sammelte daher für die weitere Bestückung der Wiener »Wunderkammer« weniger Wertgegenstände als vielmehr Kuriositäten wie ein »Haarmenschen-Porträt«, einen kleinen, geschnitzten Tod aus Birnbaumholz oder eine goldgefasste »Natternzungenkredenz« (fossile Haifischzähne, die damals irrtümlich für Schlangenzungen gehalten wurden). Einige davon sind heute, so wie viele andere Exponate aus dem Besitz der Habsburger, im Kunsthistorischen Museum sowie im Schloss Ambras (siehe Seite 182: *Innsbruck: Schloss Ambras* – Geisterhaftes Trinkgelage in der Grotte) in Tirol zu besichtigen.

Dem Wiener Museum am Ring einen Besuch abgestattet hat im April 2013 auch Karin Benkö, eine 46-jährige Buchhalterin aus Baden, die in einem der prunkvollen Säle ihren Augen und Ohren nicht zu trauen meinte.

»Ich befand mich auf einem Rundgang mit der 15-jährigen Tochter meiner Nachbarin, Jasmin, und erzählte ihr von den Ausstellungsstücken, die mich besonders interessierten und die ich unbedingt sehen wollte. Darunter befand sich auch die Natternzungenkredenz aus dem 15. Jahrhundert. Ich erklärte dem jungen Mädchen an meiner Seite, dass man den Zungenspitzen von Schlangen generell magische Kräfte und speziell die Fähigkeit nachsagte, Gift in Speisen und Getränken anzuzeigen. Da die Herrscher in früheren Zeiten oft Angst davor hatten, bei Tisch vergiftet zu werden, stellten sie häufig mit Natternzungen ausgestattete Gerätschaften neben die Speisen auf die Anrichte, um eine Giftprobe durchzuführen. Das Wort ›Kredenz‹, erklärte ich ihr, leitet sich vom lateinischen Wort ›credere‹ ab, was übersetzt ›glauben‹ und in diesem Zusammenhang ›vertrauen‹ bedeutet. Daraus entwickelte sich einerseits die Bezeichnung für das Möbelstück, andererseits für das ›Kredenzen‹ im Sinne von ›servieren‹.

Als Jasmin zu gähnen begann, beschleunigte ich meinen Schritt, damit ich mir noch alles ansehen konnte, bevor sie vor Langweile zu ungeduldig würde. Innerlich rügte ich mich bereits dafür, das Risiko eingegangen zu sein, die Kunstkammern mit einem lustlosen Teenager zu besichtigen. Wenig später kamen wir im Saal 35 an, und da sah ich sie endlich – die Natternzungenkredenz. Gerade als ich zu weiteren

Erklärungen ansetzen wollte, packte mich Jasmin am Oberarm und begann, auf Zehenspitzen von einem Fuß auf den anderen zu tippeln. Ich musterte sie belustigt, obwohl mich ihr schockierter Gesichtsausdruck gleichzeitig auch ein wenig beunruhigte. ›Da ist eine Schlange‹, flüsterte sie mir gleich darauf mit dünnem Stimmchen ins Ohr.

Noch bevor ich mit einem ungläubigen ›Unsinn!‹, das mir schon auf der Zunge lag, reagieren konnte, wurde meine Aufmerksamkeit auf eine Bewegung hinter dem Mädchen gelenkt. Als ich einen Blick über Jasmins Schulter warf, sah ich dort eine Fratze mit gebleckten Zähnen und dichtem, grauem Bart in der Luft schweben. Allerdings kam ich gar nicht dazu, mich darüber zu wundern, da ich im selben Moment ein lautes Zischen von unten hörte. Um das Mädchen neben mir nicht in Panik zu versetzen, sagte ich kein Wort, suchte mit den Augen aber den Boden ab, um das Reptil zu entdecken. Ich hätte den Fund dann sofort gemeldet, damit man das Tier entfernte.

›Ssssssssssssss‹, erklang es gleich darauf erneut, dieses Mal direkt an meinem Ohr. Jasmin hatte das Geräusch ebenfalls gehört und biss sich auf die Lippen, um nicht loszukreischen. Ich bin ihr noch heute dankbar dafür, dass sie sich beherrscht hat und wir daher kein Aufsehen erregt haben. Sie tänzelte auf Zehenspitzen um mich herum, aus Angst, es könnte sich tatsächlich eine Schlange im Raum befinden. Da schwebte auch schon wieder die grinsende Fratze an mir vorbei, die Jasmin offenbar nicht wahrnahm, sonst wäre sie mit Sicherheit durchgedreht. Ich bugsierte das leise wimmernde Mädchen durch den Raum in Richtung Ausgang, wobei wir von dem Zischen verfolgt wurden.

Vor dem Gebäude blickten wir uns stumm an und wussten nicht, was da gerade passiert war. ›Ich hab eine Schlange zischen gehört‹, flüsterte Jasmin. ›Eine Geisterschlange höchstens‹, antwortete ich. Dass ich auch das schwebende Gesicht von Ferdinand I., denn das war eindeutig sein Antlitz gewesen, gesehen hatte, verschwieg ich vorsorglich.

Zwei Wochen danach bin ich wieder hingegangen, weil ich es einfach wissen wollte, aber ich habe in Saal 35 nichts Ungewöhnliches gehört oder gesehen. Aber ich werde es weiterhin versuchen, weil ich nun tatsächlich angefangen habe, an Geister zu glauben. Was sollten wir sonst dort wahrgenommen haben?«

Lebende Fresken, ein ignorierter Geist und ein Röcheln am Sterbebett

Die »Hofbibliothek des Habsburgischen Kaiserreiches«, wie die Nationalbibliothek bis 1920 hieß, wurde von Herzog Albrecht III. (1349–1395), dem Bruder von Rudolf IV., mit einem Evangelienbuch von Johannes von Troppau gegründet und von den ihm nachfolgenden Habsburgern erweitert.

Kaiser Maximilian I. veranlasste um 1500 das Entstauben, Entlüften und Säubern der wertvollen Sammlung, die bereits auf Tausende Exemplare angewachsen war, *damit sie nit verderben und kains davon verloren wird.*

Besonders hervorgetan hat sich bei der Bestandsvermehrung unter anderem Maximilian II. HRR (1527–1576), Urgroßenkel von Maximilian I., der diese Aufgabe jedoch an verschiedenste Gelehrte delegierte. So durchforstete beispielsweise der Wiener Historiker und Universitätsprofessor für Medizin, Wolfgang Lazius (1514–1565), im Zuge seiner Recherche zahlreiche Archive und Klosterbibliotheken nach interessanten Objekten, stets ausgestattet mit einem Empfehlungsschreiben des Kaisers.

Damals verfügte die Sammlung bereits über eine stattliche Anzahl von wertvollen Werken, doch es gab keinen hauptberuflichen Bibliothekar, der in der Lage gewesen wäre, die Bestände zu überblicken, zu ordnen und zusammenzuführen. In einem offiziellen Schreiben ernannte Maximilian II. im Jahr 1575 den holländischen Juristen Hugo Blotius (1533–1608) zum ersten offiziellen Leiter der kaiserlichen Bibliothek. Diese befand sich zu diesem Zeitpunkt im Wiener Minoritenkloster und umfasste rund 9 000 Exemplare, gelagert in Schränken und Truhen und teilweise bereits von Fäulnis und Schimmel befallen. Blotius nahm sich der Bücher an und verfasste im Jahr 1579 sogar Richtlinien zur Verwaltung und wissenschaftlichen Benutzung der

Werke. Im Laufe der Jahre haben die Habsburger die Bestände durch Ankäufe, Schenkungen und Nachlässe permanent erweitert. Konsultiert wurde die kaiserliche Bibliothek zu dieser Zeit von Angehörigen des Hofs und der Wiener Universität, besichtigt von Reisenden und Adeligen.

Maximilian II., von Zeitgenossen auch »Maximilian der Andere« (diese Bezeichnung diente im Mittelalter zur Unterscheidung von einem vorangegangenen Regenten gleichen Namens – erst ab dem dritten hat man römische Ziffern eingesetzt) genannt, sorgte nicht nur für Ordnung in der Hofbibliothek, sondern hinterließ der Wiener Bevölkerung noch vieles mehr. So brachte er beispielsweise im März 1552 von seiner Spanienreise den ersten Elefanten nach Österreich, der den Namen Soliman trug und das Hochzeitsgeschenk der spanischen Kronprinzessin Johanna, Tochter von Kaiser Karl V. HRR, war. Soliman wurde im Jagd- und Lustschloss Kaiserebersdorf untergebracht, in dem die erste Menagerie Europas entstand. Wo sich zuvor ein riesiges Gehege mit Wölfen befunden hatte, auf die regelmäßig Jagd gemacht wurde, tummelten sich ab Mitte des 16. Jahrhunderts Tiger, Löwen, Giraffen und Bären. Im Jahr 1607 übersiedelte die Menagerie in das nahe gelegene Schloss Neugebäude (siehe Seite 54: *Hofburg/Schloss Neugebäude* – Die blaue Schatzkammer und ein tickendes Schloss) und später nach Schönbrunn (siehe Seite 70: *Tiergarten und Schloss Schönbrunn* – Die Schmuckstücke Ihrer Majestäten, Erzherzog Johann in Nöten und der uniformierte Geist auf dem Kaiserbankerl).

Das Schloss Kaiserebersdorf wurde später ein Obdachlosenasyl, eine Kaserne und eine Fabrik. Seit 1968 dient das Gebäude als Gefängnis.

Maximilian II. hat noch weiteren Tieren in Wien eine zweite Heimat gegeben: Nachdem sein Vater, Ferdinand I., um 1525 die Stallungen bei der Hofburg (Sommerreitschule) hatte ausbauen lassen, brachte er 1552 neben dem Elefanten Soliman auch die ersten spanischen Pferde mit nach Österreich. Auf sein Betreiben hin wurde etwa zehn Jahre später im Ausland mit der Zucht der weißen Rösser begonnen – diese bekamen ihren Namen »Lipizzaner« jedoch erst um 1580, als Erzherzog Karl, der Bruder Maximilians II., das Gestüt im damals österreichischen Lipizza (heute Lipica in Slowenien) einrichtete. Im

Neben den bedeutendsten literarischen Werken der Welt beherbergt die Nationalbibliothek auch einen spukenden Kaiser Karl VI.

September 1565 brachten die Habsburger einen hohen Geldbetrag *zur Aufrichtung des Thumblplatz im Garten in der Burg* in Wien auf und ab diesem Zeitpunkt waren die Leibpferde der Habsburger in der Hofburg untergebracht und wurden auch dort trainiert. Daher gilt dieses Jahr offiziell als Gründungsdatum der Spanischen Hofreitschule.

Zu den politischen Verpflichtungen von Maximilian II. zählte unter anderem die Bewahrung des Augsburger Religionsfriedens (seit 1555 gültige reichsrechtliche Beschlüsse, die grundlegende Bedingungen für eine friedliche und dauerhafte Koexistenz von Katholizismus und Luthertum im Heiligen Römischen Reich Deutscher Nation festsetzten). Da er selbst den Anliegen der Protestanten nicht abgeneigt war, wurde er häufig abwertend als »Evangelischer« bezeichnet und in etlichen kirchlich-historischen Werken gar nicht erwähnt.

Dennoch legte der Monarch sehr viel Wert auf strenge Sitten und fand, *dass die Menschheit wieder etwas zu locker wurde*, weshalb er 1566 eine *Reformation gueter Policey* erließ. Darin stand unter anderem, dass *Gotteslästerung, zuthrinken, Fraß und Völlerei, Spiel und Ehebruch* zu bestrafen seien, da diese Sünden stets *Pestilenz und Türkennoth* nach sich ziehen würden.

Sehr aufgeschlossen hingegen zeigte sich der Monarch gegenüber allem Magischen, sodass ihm im Jahr 1564 anlässlich seiner Krönung zum Kaiser HRR die mystische Abhandlung »Monas Hieroglyphica« gewidmet wurde. Verfasst wurde dieses Werk von dem Mathematiker und Astronomen John Dee (1527–1608), der als Hofastrologe für Königin Elisabeth I. arbeitete und als berühmtester Magier Englands galt. Er sah sich als Prophet einer okkulten Offenbarung und bezeichnete seine Schrift als hermetisches Lehrbuch zur Beherrschung der Welt und zur Entschlüsselung des Universums. Maximilian besaß außerdem ein Traktat des Arztes und Apothekers Dr. Wolfgang Kappler aus dem Jahr 1556, in dem dieser über ein dem Träger Unverwundbarkeit schenkendes Leinenhemd berichtet. Der Herrscher hegte auch großes Interesse für Weissagungen, etwa von Nostradamus, und unterstützte umherziehende Seher, Alchimisten und Goldmacher.

Vielleicht spukt der Kaiser auch aus diesem Grund unter anderem an dem Ort, an dem einige magische Schriften aus seinem Besitz lagern – in der Nationalbibliothek. Es existieren zahlreiche Berichte von Besuchern, darunter auch von einigen Journalisten, die von plötzlich auftauchenden Schriftzeichen in ihren Unterlagen und auf ihren Notizblöcken erzählen. Es handelt sich dabei stets um das doppelte »M«, das Monogramm des Herrschers, das sich auf dem Papier abzeichnet, um wenige Augenblicke später wieder zu verschwinden.

Doch Maximilian II. geistert nicht nur durch die Nationalbibliothek, auch in der Hofjagd- und Rüstkammer des Kunsthistorischen Museums, die in der Neuen Burg (Teil der Hofburg) am Heldenplatz untergebracht ist, treibt sich die hoheitliche Spukgestalt herum. Die Exponate dieser Ausstellung, die zu den weltbesten ihrer Art zählt, stehen fast ausschließlich in Zusammenhang mit politischen Ereignissen. Dort befinden sich kunstvoll verzierte Ritterrüstungen und -helme sowie prächtige Pferdesättel aus längst vergangenen Zeiten, unter anderem auch der prunkvolle Golddegen von Maximilian II., eine der schönsten Waffen der Welt.

Und mit dieser Waffe in der Hand hat eine Reinigungskraft, die im Museum tätig war, den Kaiser durch den Raum schreiten gesehen.

»Die Gestalt war weiß und durchscheinend, und marschierte völlig geräuschlos auf und ab, ohne nach rechts und links zu blicken. Sie hielt mit abgewinkeltem Arm den Degen, die Spitze zeigte dabei zu Boden. Und ich schwöre, es war dieselbe Waffe, die sich gleichzeitig am selben Platz wie immer befand. Sie war aber nicht golden, sondern auch so milchig wie der Kaiser. Das war wirklich gruselig! Ich hab so getan, als ob ich den Geist gar nicht sehen würde, und ihn einfach ignoriert. Dabei war mir aber ganz schlecht vor Angst. Sagen wollte ich aber nichts, denn weder mein Arbeitgeber noch die Angestellten in der Rüstkammer hätten mir geglaubt.«

Mittlerweile arbeitet Frau M. nicht mehr im Museum, weil sie wegen der Spukerscheinungen zunehmend unter Panikattacken und in der Folge unter gesundheitlichen Problemen litt.

Doch wieder zurück zur Nationalbibliothek. Mit der Errichtung des heutigen Baus wurde im Jahr 1723 unter Kaiser Karl VI. HRR, dem Vater von Maria Theresia, begonnen, und zwar vom Architekten Joseph Emanuel Fischer von Erlach nach den Plänen seines Vaters Johann Bernhard.

Karl VI. (1685–1740) galt als Förderer der Kultur und war als »komponierender Kaiser« selbst künstlerisch sehr begabt. So dirigierte er beispielsweise die vom Hofkompositeur Johann Joseph Fux geschriebene Oper »Elisa« so meisterlich, dass dieser nach der erfolgreichen Premiere zum kaiserlichen Maestro gesagt haben soll: »Wie schade, dass Eure Majestät kein Virtuose geworden sind!« Karl VI. antwortete, Berichten zufolge, trocken: »Macht nichts. Mir geht's auch so ganz gut!«

Das stimmte vielleicht nicht ganz, denn der Habsburger litt als einziger Mann am Wiener Hof hin und wieder unter der Bissigkeit der Frauen, die ihn dort beständig umgaben – dazu zählten seine Gattin, Elisabeth Christine von Braunschweig-Wolfenbüttel, seine Mutter, einige Schwestern und Nichten sowie drei Töchter. War er zu Hause besonders genervt, lenkte sich Karl VI. mit Hobbys ab, beispielsweise mit der Jagd, bei der er regelmäßig aus dem Haus kam. Der kunstsinnige Kaiser fasste außerdem die auf verschiedene Standorte verteilten imperialen Gemäldesammlungen zusammen (Grundstock des heutigen Kunsthistorischen Museums).

Der Vater Maria Theresias brachte aber auch in architektonischer Hinsicht einiges voran: Er ließ unter anderem die Karlskirche errichten und die Hofburg um den Michaelertrakt sowie die Reichskanzlei und die Winterreitschule erweitern. Während der hektischen Bautätigkeit unter der Regentschaft dieses Monarchen muss der erste Bezirk von morgens bis abends erfüllt gewesen sein vom Klappern der Pferdehufe auf dem Pflaster, dem Ächzen der Holzkarren, die schweres Baumaterial transportierten, den Schlägen der Hämmer und den Zurufen der Handwerker.

Bei der Errichtung der Nationalbibliothek entstand als Erstes der barocke Prunksaal, in dem ab 1726 die Manuskripte und Bücher Platz fanden, die man bis 1623 im Minoritenkloster und danach im Palais Harrach sowie in den Burgen von Wien (Hofburg), Wiener Neustadt und Innsbruck gelagert hatte. Der Saal wurde bei der Aufstellung sämtlicher literarischer Werke in eine Friedens- und eine Kriegsseite unterteilt, was sich auch in den Fresken widerspiegelt. An der Decke der beinahe 30 Meter hohen Kuppel ist eine Apotheose (verherrlichendes Bildnis) von Karl VI. zu sehen, außerdem steht er als Statue in der Mitte des Raums.

Und um diese Fresken, geschaffen vom Hofmaler Daniel Gran, geht es im Bericht des 18-jährigen Schülers Tobias F., der im Herbst 2014 mit zwei Klassenkameraden die Nationalbibliothek besuchte, um für ein Referat über die Geschichte des Gebäudes zu recherchieren. Tobias, Max und Lukas sahen sich dafür auch den beeindruckenden Prunksaal an, in dessen Kuppel sich unter anderem die gemalte Profilansicht von Karl VI. auf einer Art Münze oder Medaille befindet. Und das Bild, so schwören alle drei Burschen, habe sich ständig ein wenig verändert. Anfänglich dachten sie, es käme von der Anstrengung beim Schauen oder es handle sich um eine optische Täuschung. Doch alle drei sahen stets dasselbe, erzählt Tobias.

»Bevor ich an Geister oder Spuk glaube, glaube ich eher an Wahrnehmungsstörungen, aber in diesem Fall kann ich nur sagen: Das hatte nichts mit den bekannten physikalischen Gesetzen unserer Welt zu tun. Meine Freunde und ich haben gleichzeitig gesehen, wie sich Karl VI. umdrehte, uns dabei fixierte und sich sein Gesicht frontal aus der Decke drückte und plastisch wurde. Es sah aus, als würde er jeden Moment mit dem ganzen Körper aus dieser Art Münze schlüpfen, um von oben auf uns herabzuschweben, ähnlich einer 3-D-Animation, bei der beispielsweise ein Hai mit offenem Maul aus dem Wasser Richtung Zuschauer springt. Denn das ist jedes Mal passiert, wenn wir nach oben blickten. Beim ersten Mal haben wir noch gelacht, beim zweiten Mal nicht mehr und beim dritten Mal haben wir den Saal sehr schnell verlassen. Mich bringen jedenfalls keine zehn Pferde mehr in die Nationalbibliothek.

Weitere Anbauten entstanden unter Maria Theresia (1717–1780), die das imposante Gebäude mit der Hofburg und der Augustinerkirche verbanden.

Maria Theresias Leibarzt Gerard van Swieten und dessen Sohn Gottfried ergänzten die Sammlung um zahlreiche wissenschaftliche Werke, da zu dieser Zeit erste kritische Stimmen im Volk laut wurden, dass die Bibliothek den Regenten mehr zu Repräsentationszwecken diene als den Bürgern zur Wissensvermittlung.

Mittlerweile befinden sich in der Nationalbibliothek über zehn Millionen Einzelobjekte, mehr als die Hälfte davon sind in elektronischer Form verfügbar. Es existieren daneben auch einige andere große Sammlungen, etwa von Handschriften, Karten, Papyrusrollen, Bildern, Grafiken und Noten. Zu den außergewöhnlichsten Exponaten zählen außerdem zwei barocke venezianische Prachtgloben: ein Erd- und ein Himmelsglobus mit einem Durchmesser von jeweils über einem Meter.

Karl VI. hielt sich jedoch weder in der Nationalbibliothek noch in der Hofburg am liebsten auf, sondern im Schloss Favorita, in dem der Kaiser infolge einer hartnäckigen Erkältung auch verstarb (andere Quellen sprechen von einem vergifteten Pilzgericht, das den Herrscher das Leben kostete).

Heute befindet sich in dem Gebäude in der Favoritenstraße ein öffentliches Gymnasium der Stiftung Theresianische Akademie, auch »Theresianum« genannt. Zum Bildungsinstitut umgewidmet hat das Schloss – wie der Name vermuten lässt – Maria Theresia, die nach dem Tod ihres Vaters im Jahr 1740 nur noch sehr selten einen Fuß in dessen Lieblingsschloss setzte. Einziehen wollte sie schon gar nicht, ihr gefiel das herrschaftliche Anwesen in Schönbrunn als Sommerresidenz weit besser. Außerdem wurde 1745 das nahe gelegene Schloss Belvedere (siehe Seite 116: *Schloss Belvedere* – Die Rache der weißen Gams) für Prinz Eugen von Savoyen fertiggestellt, mit dessen Pracht die Favorita nicht konkurrieren konnte.

Laut dem Jahresbericht des Gymnasiums der k. k. (kaiserlich-königlichen) Theresianischen Akademie für das Schuljahr 1865–66, veröffentlicht von Direktor Dr. Heinrich Demel, fasste Maria Theresia bereits recht früh den Entschluss, *für die adelige Jugend eine Pflanzschule des Geistes zu gründen, aus welcher einst tüchtige Staatsmänner hervorgehen würden.* Sie überließ das Schloss im Jahr 1746 für 30.000 Gulden den Jesuiten, mit der Auflage, das Gebäude ausschließlich zur Erziehungsarbeit zu nutzen. Sie überzeugte sich hin und wieder selbst von der Qualität des Unterrichts, wie es im Tagebuch des Fürsten Johann Joseph Khevenhüller-Metsch, des kaiserlichen Obersthofmeisters von 1742 bis 1776, heißt: *die Kaiserin fuhre in Biroccio, von der alleinigen freile Hoffmeisterin begleitet, in das Theresianum, dortige neu verfertigte Bibliothec und Musäum mathematicum zu sehen. … nahme ihren gewöhnlichen Milch Caffe … und gienge sodann in das Musaeum, allwo selber ein und andere Experimenta physica gezeigt worden.*

In den Besitz der Habsburger war das Anwesen mit dem Namen »Gut Angerhof« samt Wiesen, Weingärten und Feldern freilich schon früher gelangt, und zwar im Jahr 1614 durch Anna von Österreich-Tirol. Die Gattin von Kaiser Matthias HRR (1557–1619), der ein paar Jahre zuvor mit Rudolf II. den Bruderzwist im Haus Habsburg ausgefochten hatte, ließ das Gebäude umgestalten und ernannte den »Favoritenhof« zur Sommerresidenz der kaiserlichen Familie. Später diente das Anwesen Anna und zwei weiteren Kaisergattinnen als Witwensitz. 1642 wurde das ehemalige Gut zum Lustschloss umgestaltet und »Favorita« genannt und einige Jahre später fanden in dem Gebäude sowie in der wunderschönen Parkanlage regelmäßig Konzerte sowie Oper- und Theateraufführungen statt. Nachdem das Schloss im Zuge notwendiger Maßnahmen zur Verteidigung gegen die Türken im Jahre 1683 niedergebrannt werden musste, ließ man es 1690 größer und glanzvoller denn je zuvor wiederaufbauen. Unter Kaiser Leopold I. HRR und seinen Söhnen Josef I. und Karl VI. wurde das Schloss als Herrscherresidenz zum Schauplatz bedeutender staatspolitischer Ereignisse.

27 Jahre nach der Übergabe der barocken Favorita an die Jesuiten wurde der Orden aufgelöst und Maria Theresias Sohn, Kaiser Joseph II., richtete in dem Gebäude eine Ingenieursakademie ein. 1797 genehmigte Maria Theresias Enkel, Franz II. (der 1806 als Kaiser HRR abdankte und bis 1835 als Franz I. Kaiser von Österreich blieb), die Wiedererrichtung der »Theresianischen Ritterakademie« unter der Leitung der Piaristen. Franz II. verfügte außerdem die Gründung einer neuen Bibliothek und befahl, dass die an verschiedenen öffentlichen Stellen entbehrlichen Bücher in der Akademie abgegeben werden sollten.

Im Jahr 1807 hatte die Favorita nach dem Umbau der klassizistischen Fassade im Wesentlichen ihren heutigen Zustand. Nach dem Revolutionsjahr verfügte Kaiser Franz Joseph I. die *Zulassung von Söhnen des Bürgertums* als Schüler.

1938 lösten die Nationalsozialisten die Theresianische Akademie auf und richteten ein Jahr später eine Nationalsozialistische Erziehungsanstalt (Napola) ein. Nach dem Staatsvertrag 1955 erhielt die Stiftung die Liegenschaft zurück und bereits zwei Jahre später konnte der Betrieb der Privatschule für Burschen mit Öffentlichkeitsrecht wieder aufgenommen werden. Die Wiederherstellung der im Krieg beschädigten Gebäudeteile nahm der Staat von 1956 bis 1964 vor. Seit 1989 sind in dem Gymnasium auch Mädchen zugelassen.

Bekannte Absolventen des Theresianums sind unter anderem der Politiker und Wiener Bürgermeister Karl Lueger, der Literat Peter Altenberg und der Schauspieler und doppelte Oscar-Preisträger Christoph Waltz.

Doch in den ehrwürdigen Hallen des alten Gemäuers, in dem Karl VI. verstarb, einige Kinder und Jugendliche unter der strengen und damals auch noch züchtigenden Hand ihrer Lehrer litten und später Führernachwuchs herangebildet wurde, geht es nicht mit rechten Dingen zu.

Einige Quellen sprechen von einer Weißen Frau, die durch die Räume wandert, ähnlich der Dame, die unter anderem in der Hofburg herumgeistert. Diese soll auch den sterbenden Kaiser Karl heimgesucht haben – ein weiterer Grund für Maria Theresia, das Gebäude nach dem Tod des Vaters rasch loszuwerden.

In einer Wiener Sage heißt es: *Im Theresianum erschien die Weiße Frau einmal einem an Scharlach krank darniederliegenden Zögling von altem Adel. Der Zögling starb auch bald darauf. Der Torwächter, der die Weiße Frau vorüberhuschen sah, verfiel in ein Nervenfieber.*

Der Volksmund spricht auch von »bösen Schatten«, die sich in der Seele junger Menschen einnisten und diese zum Wahnsinn treiben.

Tatsache ist, dass sich mehrere Schüler der Theresianischen Akademie in der Vergangenheit das Leben nahmen oder dies zumindest versuchten – die Selbstmorde traten besonders häufig im 19. Jahrhundert auf.

Beispielsweise berichtete »Die Debatte« am 11. März 1865: *Vorgestern Nachmittag erschoss sich im Theresianum der 21-jährige Fakultätszögling Freiherr von Rütting. Die Kugel ging mitten durchs Herz. Der Schuß wurde im Hause nicht gehört; Abends 8 Uhr fand man den Leichnam.*

In der »Morgenpost« vom 4. Juni 1871 war zu lesen: *Als am 1. Juni Abends 8 Uhr zum Abendmahl geläutet wurde, ersuchte … ein Zögling, Baron Liebenberg, seinen Präfekten, zu Bett gehen zu dürfen, da er sich unwohl fühle; dies wurde ihm gewährt. Nach einer halben Stunde kam der Diener in die Nähe der Schlafkemenate und hörte plötzlich einen Schuß in derselben; er lief hinein und frug den im Bette Liegenden, was er thue? »Erschossen habe ich mich«, antwortete dieser.*

Den letzten mutmaßlichen Selbstmordversuch unternahm im Mai 2013 ein 16-jähriges Mädchen, das sich aus einem Fenster stürzte und das Unglück schwer verletzt überlebte.

Auch recht schauerlich klingt der Bericht des 15-jährigen Sebastian (Name auf Wunsch geändert), der gegenwärtig das Gymnasium besucht.

»Wenn es in der Klasse manchmal ganz ruhig ist, beispielsweise wenn wir einen Test schreiben, meine ich, hin und wieder eine Art rasselndes und pfeifendes Röcheln neben mir zu hören. Es klingt, als wäre jemand sehr verschleimt und versuche, mühsam Luft zu holen. Da ich in einer Familie aufwachse, in der Wesen aus dem Jenseits zum Alltag gehören, macht mir das nichts aus. Von meiner Oma, einem Medium, weiß ich, dass es sich bei diesem Geist in unserer Klasse um Kaiser Karl VI. handelt, den ein noch auf der Erde lebendes Wesen an sich bindet. Wer das sein könnte, ist ihr leider nicht bekannt. Ich habe auch bereits mehrmals versucht, telepathisch mit dem Kaiser Kontakt aufzunehmen und ihn zu fragen, was er will. Allerdings habe ich nie mehr als ein mehrmals hintereinander keuchend ausgesprochenes ›Lasset mich, ich gehe!‹ zur Antwort bekommen. War das der letzte Satz, den er sagte, bevor er verstarb? Saß während seines Todeskampfs Maria Theresia an seinem Bett und schüttelte ihn, als er zu atmen aufhörte? Ich weiß es nicht. In der Schule behalte ich mein Wissen für mich, sonst bin ich gleich der Klassenfreak. Meine Oma will mir demnächst ein Ritual zeigen, das ich durchführen kann, um Karl endgültig ins Jenseits zu schicken – das wird nicht ganz einfach, weil ich mich dafür ja alleine im Raum aufhalten muss. Mal sehen, ob es gelingt und der Kaiser seine ›Favorita‹ nach 275 Jahren endlich verlassen kann.«

Des Weiteren mehren sich Berichte über einen spukenden Kaiser Karl VI. in der Kapuzinergruft, wo er sich angeblich direkt neben seinem Sarkophag aufhält. Als wäre dieses skurrile Prunkgebilde, an dem sich der spätbarocke Künstler Balthasar Ferdinand Moll als Inszenator de luxe ausgetobt hat, an sich nicht schon schräg genug: Bronzetotenköpfe, die die Krone des Heiligen Römischen Reiches tragen. Und zwischen diesen allegorischen Darstellungen auf seinem Sarkophag soll der Herrscher als schwebende gelbliche Nebelgestalt hin- und herpendeln.

Die blaue Schatzkammer und ein tickendes Schloss

Kaiser Rudolf II. HRR (1552–1612), Sohn von Maximilian II. und Isabella von Spanien, war sprachlich und musisch begabt, als junger Mann außerdem offenherzig, freundlich und duldsam, allerdings auch sehr schüchtern und depressiv veranlagt. Er lebte bis zu seinem 19. Lebensjahr in der Heimat seiner Mutter, in Spanien, denn die österreichischen Länder galten damals im Gegensatz zum spanischen Reich als rückständiges Ödland, in dem ständig gekämpft wurde.

Als Rudolf im Jahr 1571 nach Wien kam, begann Maximilian sofort damit, ihn systematisch auf die Machtübernahme vorzubereiten, und so bestieg er nach dem Tod des Vaters 1576 im Alter von 24 den Thron als Kaiser des Heiligen Römischen Reiches.

Doch schon bald zog sich Rudolf von der Gesellschaft und seinen herrschaftlichen Aufgaben in seine eigene Welt zurück. Er neigte zur politischen Inaktivität und war außerdem in seinen Geschäften sehr nachlässig. Der scheue Monarch mied öffentliche Auftritte, höfische Feste und gemeinsame Unternehmungen mit anderen Adeligen, wie etwa Jagdausflüge oder Turniere. Er blieb außerdem sein ganzes Leben lang skeptisch gegenüber der katholischen Kirche und deren Dogmen. Der Kaiser speiste alleine, ging zurückgezogen seiner Sammelleidenschaft nach und hegte immer größeres Misstrauen gegenüber seinen Mitmenschen, während sich die psychischen Krisen häuften, die mit körperlichen Leiden einhergingen. Mit zunehmendem Alter verdächtigte er sogar seine engsten Mitarbeiter, ihm schaden zu wollen, und litt unter furchtbarer Angst vor Hexen und Gift. Auch wurde er immer jähzorniger und herrischer, schwankte zwischen übersteigertem Selbstbewusstsein, hektischer Aktivität und totaler Lethargie und begann schließlich sogar damit, seine Dienerschaft zu misshandeln. Als er wegen seiner Wahnvorstellungen und Phobien immer öfter zum

Alkohol griff, um sich damit zu betäuben, verschlechterte sich sein gesundheitlicher Zustand um 1598 radikal.

Im Reich begann es aufgrund seiner Untätigkeit immer stärker zu kriseln, 1606 erklärten die Erzherzöge den Kaiser für geisteskrank und setzten seinen Bruder Matthias als Familienoberhaupt ein. Dieser wandte sich sogleich offen gegen Rudolf II. und entzog ihm mit der Unterstützung anderer Familienmitglieder nach und nach fast alle Ämter – dieser Boykott, der von 1608 bis 1611 dauerte, wird »Bruderzwist im Haus Habsburg« genannt, über den der Dichter Franz Grillparzer ein Trauerspiel geschrieben hat.

1611 wurde Matthias zum König von Böhmen gekrönt. Rudolf durfte als Kaiser ohne Land weiterhin auf der Prager Burg wohnen, die er bereits 1583 zu seiner Residenz gemacht hatte und wo er 1612 auch verstarb. Nach seinem Tod trat sein Bruder Matthias die Nachfolge als Kaiser HRR an.

Offenbar sehr schwierig und kompliziert war auch Rudolfs Verhältnis zu Frauen: Mit der Infantin Isabella Clara Eugenia war er 18 Jahre lang verlobt, bis diese seinen Bruder Albrecht heiratete. Einige weitere mögliche Ehen kamen nie zustande.

Dabei war der Herrscher durchaus kein Kostverächter, er zeugte insgesamt sechs Kinder, vier mit seiner Geliebten Katharina Strade und zwei mit unbekannten Frauen. Sein ältester Sohn Julius d'Austria (1586–1609), auch Don Julius Caesar oder Don Julio genannt, hat nachweislich die psychische Erkrankung seines Vaters geerbt, die von den Medizinern seiner Zeit als Schizophrenie diagnostiziert wurde.

Doch Don Julio war bei Weitem nicht so harmlos wie sein alter Herr – er ermordete 1608 im Alter von 22 Jahren seine Geliebte bestialisch und zerstückelte sie. Er schnitt ihr die Ohren ab, schälte ein Auge aus dem Kopf, stieß ihr die Zähne bis in den Rachen hinunter und spaltete ihre Schädeldecke so tief, dass das Hirn heraustrat. Bereits Wochen zuvor warf er die Unglückliche in einem Tobsuchtsanfall aus dem Fenster, was sie leicht verletzt überlebte. Die junge Frau war zu ihm zurückgekehrt, nachdem er ihren Vater einsperren ließ und drohte, ihn zu erhängen. Don Julio wurde nach der Tat von Rudolf II. höchstpersönlich auf Schloss Krumau im heutigen Tschechien eingekerkert, wo er völlig verwahrloste und 1609 an einem Geschwür im Hals und in völliger geistiger Umnachtung starb.

Rudolf II. war politisch eher unbedeutend, hatte aber einen großen Anteil an der Erweiterung des Hausschatzes und der Kunstkammern der Habsburger. Als ambitionierter Sammler, der fast schon manisch Raum für Raum mit allem möglichen Zeug füllte, bezahlte er für Albrecht Dürers berühmtes Bild »Rosenkranzfest« die enorme Summe von 900 Dukaten und ließ es im Jahr 1606 von vier Männern von Venedig über den Brenner nach Prag tragen, wobei die Transporteure das Kunstwerk nicht kippen und schon gar nicht im Schnee absetzen durften.

Neben seiner Neigung zu bekannten, aber auch zu erotischen Gemälden besaß Rudolf eine spezielle Vorliebe für Messinstrumente, Automaten und Uhren.

Als Freund und Förderer von Kunst und Wissenschaft beschäftigte er an seinem Hof Mimen, Maler und Musiker sowie Astronomen, Astrologen und Alchimisten. Zu den herausragenden Naturwissenschaftlern jener Zeit zählten die Astronomen Tycho Brahe und Johannes Kepler. Unter den bildenden Künstlern kam die größte Bedeutung Giuseppe Arcimboldo zu, dessen Bilder mit Gesichtern aus Blumen, Früchten und Gemüse legendär sind. Wie dem Vater so widmete der italienische Malerkauz Arcimboldo auch dem Sohne ein solches Naturalien-Porträt.

Rudolf II. war außerdem ein Anhänger spiritueller und magischer Kräfte, in seinem Dunstkreis tummelten sich Okkultisten wie John Dee, der seinem Vater die »Monas Hieroglyphica« widmete, und Edward Kelly. Letzterer führte am Hof zahlreiche alchimistische Experimente durch und verabreichte dem gutgläubigen Kaiser ein Lebenselixier, das ihm ewige Jugend schenken sollte. Als Kelly am Versuch, Metall in Gold zu verwandeln, scheiterte, schwand auch die Gunst des Monarchen, der den »Scharlatan« daraufhin inhaftieren ließ. Rudolf wandte sich der jüdischen Kultur und Kabbalistik zu und teilte mit seinem Freund Rabbi Löw die Faszination von Mysterien und Automaten. Löw schuf der Legende nach einen künstlichen Menschen, einen Golem (ein von Weisen mittels Buchstabenmystik aus Lehm geformtes Wesen).

Rudolf II. besaß auch eine überaus berühmte Hauskrone, die 1602 vom kaiserlichen Kammergoldschmied und Juwelier Jan Vermeyen in Prag angefertigt wurde. An der Spitze des Prunkstücks befindet sich ein blauer Saphir als immer wiederkehrendes »Zauber«-Symbol der Habsburger, der dort als »Antenne für göttliche Eingebungen« fungierte. Die Bezeichnung »Hauskrone« stammt allerdings keineswegs von dem Brauch, das imperiale Haupt damit nur in den eigenen vier Wänden zu schmücken. Vielmehr stellt sie das Gegenstück zur »öffentlichen Krone des Heiligen Römischen Reiches« dar, welche die Habsburger ab 1424 dauerhaft in Nürnberg verwahrten und nur bei Krönungen zeigten. Die Privatkronen wurden üblicherweise nach dem Tod jedes Herrschers zerstört, Gold und Edelsteine anderweitig verwendet. Nicht so der »Zauberhut« von Rudolf II., der heute in der Schatzkammer der Habsburger in der Hofburg zu bewundern ist.

Dort befindet sich unter anderem auch das »Ainkhürn«, ein Narwalzahn, den man zu Rudolfs Zeiten für das Horn eines Einhorns mit magischen Kräften hielt und das eines der »Lieblingswunderstücke« seines Großvaters, Ferdinands I., darstellte. Es hieß, das »Ainkhürn« würde seinem Besitzer Macht und Tatkraft verleihen. Ebenfalls in der Schatzkammer zu sehen ist eine spätantike Achatschale, von der Wissenschaftler lange Zeit dachten, es handle sich um den Heiligen Gral – sie besitzt nämlich eine feine Äderung, die man vom 17. bis ins 20. Jahrhundert als religiösen Code interpretierte und darin den Namen von Jesus Christus zu entdecken glaubte. Beide Gegenstände wurden 1564 von den Brüdern Maximilian II., Karl II. von Innerösterreich und Ferdinand II. von Tirol zu unveräußerlichen Erbstücken des Hauses Habsburg erklärt – eine Maßnahme, die sie vor dem Zugriff einzelner Familienmitglieder schützen sollte. Heute handelt es sich bei dem Narwalzahn und der Achatschale um Objekte von großer geschichtlicher Bedeutung mit enormem Wert – so wie viele andere Objekte, die in der Schatzkammer der Habsburger zu besichtigen sind.

Iovanna Jokzimovitz, eine 26-jährige Serbin, hat während ihres Wienaufenthalts im Mai 2014 bei ihrem Besuch in den Räumen der Hofburg jedenfalls ein blaues Wunder erlebt und ihrer Familie darüber berichtet:

»Die Schätze im Museum haben mich sehr beeindruckt. Ich habe noch nie so viele wertvolle Dinge auf einmal gesehen. Aber mir ist in dem Raum, in dem sich die Krone mit dem blauen Stein befindet, etwas sehr Seltsames zugestoßen, das mich in tiefe Unruhe versetzt hat. Während ich mir Rudolfs Hauskrone ansah, fiel plötzlich ein greller Strahl von oben herab, als würde an der Decke ein riesiger Scheinwerfer eingeschaltet werden, und tauchte den gesamten Raum in blaues Licht. Ich war sehr erschrocken, sah aber an den Mienen der anderen Besucher, dass sich niemand über dieses seltsame Ereignis wunderte. Als ich den Kopf hob, konnte ich nichts entdecken. Das Licht kam jedenfalls nicht von oben, es lag einfach mitten im Raum. Weil es inzwischen auch merklich abgekühlt hatte, fragte ich eine Museumsangestellte, die sich am anderen Ende des Raums aufhielt, nach dem Zweck dieser Performance. Die Dame musterte mich fragend und wusste offensichtlich nicht, wovon ich sprach. Allerdings ist mein Deutsch nicht perfekt und sie hat mich vielleicht einfach nicht verstanden. Ich ging ratlos wieder Richtung Hauskrone und fragte dann einen freundlich wirkenden älteren Herrn, was da los sei. Er zuckte ratlos mit den Schultern und ich konnte sehen, wie er einer anderen Besucherin einen genervten Blick zuwarf, was mir extrem peinlich war. Deshalb bin ich gleich darauf gegangen, auch, weil mir total kalt wurde.

Meine Freundin, bei der ich während meines Aufenthalts in Wien wohnte, wusste davon, dass Rudolf II. in der Schatzkammer spukt. An der Uni hätten sich das die Geschichtsstudenten erzählt. Der Kaiser aktiviert angeblich von Zeit zu Zeit seinen Zauberhut, der ihm magische Kräfte und die Fähigkeit verleiht, einige Stunden lang vom Jenseits ins Diesseits zu wechseln. Das blaue Licht, das nur empfängliche Menschen sehen können, zeigt sein Verweilen in unserer Dimension an.«

Rudolf II. hielt sich während seiner Regentschaft nicht nur gerne in der Hofburg auf, sondern hin und wieder auch im Schloss Neugebäude, das ab 1568 durch seinen Vater errichtet worden war – und zwar auf dem Areal, auf dem bei der Ersten Wiener Türkenbelagerung im Jahr 1529 der Feind seine Zelte aufgeschlagen hatte. Maximilian II. demonstrierte eben gerne Überlegenheit und besaß ein Gespür für herrschaftliche Immobilien.

Damals hat der bedeutende Botaniker Carolus Clusius als Gartendirektor des Kaisers Tulpen und Rosskastanien aus Konstantinopel nach Wien gebracht. Er beschaffte außerdem Flieder aus Persien, der im Park von Schloss Neugebäude 1576 erstmalig in Europa blühte. Das prächtige Gebäude, eingefasst von bunten Gärten und Zierbrunnen, mit einem Blick in die Natur und auf die Jagdgründe des Adels (heute Prater), war eigentlich dafür gedacht, Kaiser Maximilian zur Erholung vom Regieren, zum Philosophieren und Sammeln seiner Kunstobjekte zu dienen. Hier sollten außerdem Gäste empfangen, Feste gefeiert und in intellektuellen Gesprächen der Humanismus gepflegt werden. Doch bevor die Anlage fertiggestellt werden konnte, verstarb Maximilian II., und so erhielt das Schloss, das vom Kaiser *Fashangartengebäu* genannt wurde, offiziell nie einen Namen – denn »Neugebäude« (urkundlich 1573: *neue Gepews*) hieß zur damaligen Zeit nichts anderes als »Baustelle«.

Kaiser Rudolf II. ließ den Bau weiterführen und vollenden, vermutlich aus Pietät seinem Vater gegenüber, zeigte selbst jedoch kein großes Interesse an dessen ehrgeizigem Projekt. Er kam später noch einige Male aus Prag angereist, um im Schloss nach dem Rechten zu sehen – damals benötigte man für diese Strecke zu Pferd immerhin rund zehn Tage. Rudolf nutzte das Bauwerk auch als Zwischenlager für Teile seiner Raritätensammlung, die stetig anwuchs und Umbauarbeiten an der Prager Burg, in die er von seinem Bruder Matthias verbannt worden war, notwendig machte.

Im Jahr 1607 übersiedelte die Menagerie von Schloss Kaiserebersdorf ins Neugebäude, wo die meisten der seltenen Tiere beim Brand im Jahr 1704 umkamen. Der verbliebene Rest übersiedelte 1752 nach Schönbrunn.

Doch schon viel früher hatten die Habsburger das Interesse an der Anlage verloren, der Bau galt als nicht mehr zeitgemäß. Maria Theresia hat das Schloss dann um 1775 zum »Ausschlachten« freigegeben: Die Säulen des »Spaziersaals« wurden entfernt und für den Bau der Gloriette benutzt, Bukranien (Verzierungen im antiken Stil und in der Form von Stierköpfen) und die schönsten Zierbrunnen wurden ebenfalls nach Schönbrunn gebracht. Danach übergab Maria Theresia das Neugebäude dem Militär, das es lange Zeit als Pulverlager nutzte. Im

Zweiten Weltkrieg fertigten Zwangsarbeiter aus dem KZ Mauthausen im Schloss Panzermotoren.

Heute wird das Neugebäude, ein über hundert Meter langes und drei Stockwerke hohes Bauwerk, das wie ein Steinschlauch zwischen dem Zentralfriedhof und dem Freudenauer Hafen liegt, von einem Erhaltungsverein verwaltet. Dieser ließ 2010 eine öffentliche Parkanlage nach historischem Vorbild errichten, die sich exakt auf der Fläche des ehemaligen »unteren Gartens« befindet. Die für die Renaissance typischen rasterförmigen Felder und Wegstrukturen wurden beibehalten, mit Wasserspielen und einer Fliederallee geschmückt und mit modernen Akzenten versehen.

Das Bauwerk gliedert sich im Wesentlichen in vier Bereiche: das Hauptgebäude, den Löwenhof (in dem im 17. Jahrhundert Raubkatzen gehalten wurden) samt Ballspielhaus, Zwingergang und Pferdeställe und den oberen/südlichen und den unteren/nördlichen Garten. Die historische Meierei liegt außerhalb des Schlosses an der Neugebäudestraße. Unter dem Spaziersaal des Schlosses befindet sich eine Grotte, die zum Zeitpunkt der Errichtung wohl geflutet war, damit Kaiser Maximilian in kleinen Booten Lustfahrten im Souterrain unternehmen konnte. Es handelt sich dabei um die älteste erhaltene Grotte im deutschen Sprachraum.

Im Innenhof des Gebäudes finden heute regelmäßig Veranstaltungen wie historische Feste und sommerliche Open-Air-Kino-Events statt.

Die heute 27-jährige Luise G. aus Wien besuchte im Herbst 2010 das Halloween-Kürbisfest im Schloss und hat dort etwas erlebt, das sie bis an ihr Lebensende nicht vergessen wird.

»Ich war mit zwei Freundinnen dort und wir wollten uns an diesem Tag richtig amüsieren, weil wir uns alle drei frisch verliebt hatten und einfach total gut fühlten. Gegen 18 Uhr verließen die meisten Eltern mit ihren Kindern das Schloss und wir jungen Leuten waren unter uns. Nach 19 Uhr begann eine Band zu spielen und wir tanzten ausgelassen. Irgendwann musste ich zur Toilette, gab meinen Freundinnen Bescheid und machte mich auf den Weg. Als ich mich bereits ein Stück abseits der Gruppe befand, machte die Band eine Pause. Doch da hörte ich statt der Musik plötzlich ein anderes Geräusch: ein deutliches Ticken, so laut, als stünde ich direkt unter einer riesigen Uhr. Ich sah mich um, konnte aber nichts Ungewöhnliches entdecken, blieb stehen und lauschte dem eindringlichen Ticktack, Ticktack. Mir kam vor, dass die Lautstärke immer weiter zunahm, je länger ich an dieser Stelle stand – so als würde das ganze Schloss ticken. Mittlerweile hätte ich nicht mehr weitergehen können – ich war steif wie ein Brett und starrte mit weit aufgerissenen Augen in die Finsternis. Obwohl ich das Lachen der anderen Besucher hörte, fraß sich das dröhnende Ticktack regelrecht durch die Ohren in meinen Kopf. Dann mischte sich auch noch ein rhythmisches metallisches Klicken dazu. Klick Klack! Ich glaube, ich stand kurz vor einem Nervenzusammenbruch oder einem hysterischen Anfall, als ein Mann aus der Dunkelheit auf mich zutrat. Er lächelte und fragte: ›Hörst du es?‹ Ich nickte stumm. Er lächelte und meinte: ›Keine Angst, das ist nur der Rudolf, der seine Automaten und Uhren zum Laufen bringt. Für die hatte er ein besonderes Faible. Er macht das besonders gerne, wenn Gäste da sind, um sie zu erschrecken.‹ ›Wer ist das?‹, wollte ich etwas erleichtert wissen, obwohl mir völlig unklar war, wie dieser Rudolf es schaffte, so laute Geräusche zu erzeugen. ›Na der Rudolf II., der schräge Habsburger‹, antwortete der Mann mit einer Selbstverständlichkeit, die mich fast zum Lachen gebracht hätte, wenn es nicht so gruselig gewesen wäre. Ich versuchte, höflich zu lächeln, und stellte mit einem Mal überrascht fest, dass es nicht mehr tickte und mir mein Körper wieder gehorchte. Hastig verabschiedete ich mich und lief zu den Toiletten.

Später habe ich die Geschichte natürlich meinen Freundinnen erzählt, doch die zuckten nur ratlos mit den Schultern und feierten unbeeindruckt weiter.

Ich weiß bis heute nicht, was ich da auf dem Hof von Schloss Neugebäude tatsächlich gehört habe und wem ich dort begegnet bin.«

Wo getröstet und geflucht wird

Ende des 17. Jahrhunderts wählte Franz Sigismund Graf von Thun als Standort für die Errichtung seines kleinen Jagdschlosses Hetzendorf aus, da sich die ländliche Gegend vor den Toren Wiens nach der Zweiten Türkenbelagerung im Jahr 1683 zu einer beliebten Sommerfrische des Adels entwickelt hatte. Er baute einen Hof um, der ursprünglich von den Augustinern stammte und vor ihm Maria Fürstin Piccolomini gehörte.

Nach dem Tod des Grafen richtete seine Nichte 1715 die Schlosskapelle ein und verkaufte das Gebäude dann.

1742 wurde der »Thunhof« von der k. k. Hofkammer erworben und 1744 an Maria Theresia weiterveräußert. Die junge Habsburgerin hatte beschlossen, ihre Mutter Elisabeth Christine dort unterzubringen, da die Witwe von Kaiser Karl VI. ihrer Tochter und deren Gemahl, Franz I. Stephan von Lothringen HRR (1708–1765), mit ihrer Besserwisserei in der Hofburg bereits ordentlich auf die Nerven ging. Denn Elisabeth Christine mischte sich andauernd in die Erziehung ihrer Enkel ein und kritisierte darüber hinaus bei jeder unpassenden Gelegenheit das lockere Zeremoniell des Herrscherpaars.

Ihr Auszug erfolgte kurz vor der Umsiedlung der Kaiserfamilie ins Schloss Schönbrunn (siehe Seite 70: *Tiergarten und Schloss Schönbrunn* – Die Schmuckstücke Ihrer Majestäten, Erzherzog Johann in Nöten und der uniformierte Geist auf dem Kaiserbankerl), das Maria Theresia von ihrem Vater erhalten hatte und zu dieser Zeit gerade ausbauen ließ. Dieses herrschaftliche Gebäude war im 17. Jahrhundert für Kaiserin Eleonora Gonzaga errichtet worden und sollte von 1749 bis 1918 zum kulturellen und politischen Mittelpunkt des Habsburgerreiches werden. Einen plausiblen Grund für die Umquartierung nach Hetzendorf lieferte ein Universitätsmediziner, der in einer Stellungnahme festhielt, dass die Luft in dieser Gegend den depressiven Verstimmungen der Witwe entgegenwirken würde. Ob es sich dabei um ein reines Gefälligkeitsgutachten handelte, ist nicht überliefert.

Maria Theresia ließ das Schloss in Hetzendorf von ihrem Hofarchitekten Nikolaus Pacassi im barocken Stil umgestalten und es zusätzlich erweitern. Um das Kaiserhaus als Besitzer des neu erworbenen Landsitzes auszuweisen, erhielt die ursprünglich kaminrote Fassade einen Anstrich in Schönbrunner Gelb. Mit der Aufwertung des ehemals schlichten »Thunhofs« bekam der damals stark von Biedermeier und Weinbau geprägte Vorort Wiens sein aristokratisches Zentrum. Durch eine Allee mit Schloss Schönbrunn verbunden wurde das Gebäude jedoch erst sieben Jahre nach dem Tod von Elisabeth Christine 1750.

Maria Theresia und ihre Kinder hielten sich gerne in Hetzendorf auf, da ihnen dies vom Hofleibarzt, Gerard van Swieten, aus gesundheitlichen Gründen empfohlen worden war. Als die Kaiserin 1762 die Pockenimpfung einführte, ließ sie diese zunächst im Schloss an adeligen Kindern erproben, die dort vier Wochen lang mit ihren Familien lebten, verköstigt und medizinisch betreut wurden.

Später wohnten Maria Theresias Lieblingstochter, Marie Christine, und deren Gatte, Albert Kasimir von Sachsen-Teschen, im Schloss, das danach einige Jahre leer stand, 1789 quartierte sich ihr lungenkranker Bruder, Joseph II., dort ein. Die gute Luft sollte der angegriffenen Gesundheit und angeschlagenen Psyche des Kaisers guttun, der für seinen Hofstaat einige neue Trakte errichten ließ und plante, länger in Hetzendorf zu bleiben. Joseph erholte sich jedoch nicht mehr und verstarb kurz darauf.

In den Jahren 1805 und 1809 hausten französische Besatzungstruppen im Schloss.

Ab 1810 residierte dort zeitweise der abgedankte Kaiser Franz II., der mit der höfischen Gesellschaft »illuminierte Sommernachtsfeste« im Park feierte, welcher aus diesem Anlass mit Hunderten von Öllampen beleuchtet wurde. Nach seinem Tod im Jahr 1835 stand das Schloss vor allem in- und ausländischen Gästen des Herrscherhauses sowie einigen Familienmitgliedern zur Verfügung.

In der Zeit des Wiener Oktoberaufstands 1848 errichtete Feldmarschall Alfred I. Fürst Windisch-Graetz in dem Gebäude seine Kommandozentrale. Einige Revolutionäre wurden damals nach ihrer Verurteilung im Hof der Anlage durch Kopfschuss hingerichtet.

Einige Jahre danach zog die Familie von Herzog Albrecht von Sachsen-Teschen ins Schloss und während dieser Zeit verstarb im Jahr 1867 in einem Zimmer im Parterre des linken Flügels Albrechts erst 18-jährige Tochter, Erzherzogin Mathilde von Österreich-Teschen (1849–1867).

Am 22. Mai war es in ihrem Schlafgemach im erzherzoglichen Palais in Wien zu einem tragischen Unfall gekommen. Eine Version davon lautete: Die junge Frau hatte für einen Theaterbesuch ein Kleid aus indischem Musselin angezogen, das nach den damaligen Gebräuchen mit Glyzerin imprägniert war, um dem Stoff mehr Fülle zu verleihen. Mathilde, die von einem Wagen abgeholt werden sollte, beugte sich aus dem Fenster und wollte noch rasch eine Zigarette rauchen, als ihr Vater den Raum betrat. Da Erzherzog Albrecht seiner Tochter das Rauchen nicht erlaubte, versteckte diese, während sie sich zu ihm umwandte, die glimmende Zigarette hinter ihrem bauschigen Kleid, das sofort Feuer fing. Mathilde erlitt dabei Verbrennungen zweiten und dritten Grades. Am 1. Juni früh morgens wurde sie nach ärztlicher Anordnung zur Behandlung ihrer schweren Verletzungen auf einem »Hoftragbett« mit grünen Vorhängen von abwechselnd je vier Mann des Sanitätskorps in dreieinhalb Stunden nach Hetzendorf getragen.

Im Zeremonialprotokoll des kaiserlichen Hofs wurde am Tag des Unglücks Folgendes eingetragen: *Ihre kaiserliche Hoheit, die durchlauchtigste Frau Erzherzogin Mathilde, Tochter des Herrn Erzherzogs Albrecht, hatte heute nachmittags 5 ½ Uhr das Unglück, daß ihre Kleider durch eine bis jetzt unbekannte Ursache Feuer fingen, wodurch die beiden Arme, der Nacken, der Rücken und theilweise die unteren Extremitäten bedeutend verbrannt wurden. Die Ausdehnung und die Intensität der Verbrennungen sind so bedeutend, daß die herbeigerufenen Ärzte den Zustand der armen Erzherzogin für sehr gefährlich erklärten.*

Am 5. Juni hoffte man noch auf Genesung, obwohl die Patientin selbst bereits auf das Schlimmste gefasst war. Laut »Klagenfurter Zeitung« vom 9. Juni 1867 soll sie unter Tränen zu einer Vertrauten, die an ihrem Wasserbett saß, gesagt haben: »Ach, so muss ich denn wirklich sterben, und ich liebe doch das Leben so sehr!«

Das »Prager Abendblatt« veröffentlichte am 6. Juni folgende Meldung, in der sie sich auf ein offizielles Bulletin vom Vortag berief:

Den gestrigen Tag hat Ihre kaiserliche Hoheit, die durchlauchtigste Frau Erzherzogin Mathilde, ziemlich ruhig, theilweise schlummernd zugebracht ... Eßlust vermindert, Schlaf noch mangelnd und der den großen Eiterungsflächen entsprechende Säfteverlust macht sich durch zunehmende Ermattung und Abmagerung bemerkbar.

Bei Erscheinen der Zeitung war die junge Frau allerdings bereits tot.

Erzherzogin Mathilde von Österreich-Teschen verstarb am 6. Juni um 6 Uhr morgens. Zuvor hatte sie laut Augenzeugenberichten ihrem anwesenden Vater, der ihr noch das lange blonde Haar aus dem unversehrt gebliebenen Gesicht strich, zugenickt und dann ein letztes Mal aufschluchzend ihren Kopf zur Seite gedreht.

In der Zeitung »Neues Fremden-Blatt« stand am 7. Juni 1867: *Sichtlich gerührt und bei vollem Bewußtsein empfing die hohe Kranke den letzten geistlichen Trost. Nach Empfang der heiligen Sterbesakramente versammelten sich wieder die anwesenden Familienmitglieder um die hohe Kranke und verweilten bei derselben bis zur Sterbestunde. Gegen 1 Uhr suchte die Erzherzogin ihren am Krankenbette ununterbrochen weilenden erlauchten Vater, der die Thränen nicht verbergen konnte, selbst zu trösten und sprach auch den anderen dort anwesenden hohen Familienmitgliedern Trostworte zu.*

Einige Wochen nach ihrem Ableben wurde eine Gegendarstellung zur Geschichte mit der vor dem Vater versteckten Zigarette, die in der Öffentlichkeit bereits die Runde machte, verfasst, um Mathildas guten Ruf zu wahren, da sich »Ungehorsam« in adeligen Kreisen nicht gehörte und als Fauxpas galt. Darin hieß es: *Am stärksten war eine Geschichte verbreitet, deren Richtigkeit auch heute noch von der älteren Generation vertreten wird: Die Entzündung der leichten Kleider der Erzherzogin durch unvorsichtiges, heimliches Zigarettenrauchen. Dem war nicht so .... In der Meinung, es fahre schon der Wagen vor, bog sie sich aus dem Fenster, um nach ihm zu schauen. Dabei warf sie eine große Schachtel Zündhölzchen von einem in der Fensternische stehenden Schreibtisch und glitt mit dem Fuße achtlos über die in großer Anzahl auf dem Boden liegenden Schwefelhölzchen, die sich durch die scharfe*

Reibung sofort entzündeten. Im Nu stand das in ein duftiges Mousselinkleid gehüllte junge Mädchen in Flammen ... Alle ärztliche Hilfe war vergebens ... Die Erzherzogin war trotz aller Schmerzen bis zuletzt bei Bewußtsein. Aber auch das Wasserbett half nicht.

Darüber hinaus rief Albrecht am 25. August 1867 die »Erzherzogin-Mathilde-Stiftung« für militärische Zwecke ins Leben, um die Stimmen, die ihm vorwarfen, als Vater erzieherisch versagt zu haben, zum Schweigen zu bringen.

Das Schloss wurde nach dem Auszug der Habsburger bis 1911 weiterhin als Gästehaus für hochrangige Besucher genutzt oder diente Verwandten des Herrscherhauses als vorübergehende Unterkunft oder zur Veranstaltung von Festivitäten.

Von 1912 bis 1914 wohnte Erzherzog Karl dort, der letzte Monarch Österreichs, der das Land von 1916 bis 1918 als Kaiser Karl I. regierte, mit seiner Frau Zita von Bourbon-Parma und den gemeinsamen Kindern. Hierfür wurden Strom und Telefon eingeleitet und eine neue Heizung installiert. Kaum waren die Arbeiten beendet, brach der Erste Weltkrieg aus und Karl musste als Thronfolger mit der Familie nach Schönbrunn übersiedeln.

Aus der Zeit ihres Aufenthalts im Schloss Hetzendorf sind von Zita einige schriftliche Aufzeichnungen erhalten, die belegen, dass die Erzherzogin in dem Gebäude paranormale Erlebnisse hatte, obwohl sie sich anfänglich begeistert von dem Anwesen – mit Ausnahme eines Zimmers – zeigte:

Im Januar 1913 bezogen Carl und ich mit dem damals 2 Monate alten Otto (Otto von Habsburg, gest. 2011) *Schloß Hetzendorf. Das Schloß ist wunderschön gelegen, es gibt keinen Mißton in Stil oder in der Einrichtung, es verfügt auch über alle modernen Einrichtungen und Bequemlichkeiten. ... Der wunderschöne Garten ging in die Landschaft hinaus, man dachte gar nicht daran, daß man in der Stadt lebte. ... Dieses Zimmer* (es handelte sich um das Gästezimmer) *hätte ich nicht gerne, ... hier spukt es womöglich.*

Im Herbst 1913 hielt sich Zitas Bruder, Sixtus von Bourbon-Parma, in Schloss Hetzendorf auf, Zita berichtet darüber:

Aus irgendeinem Grund konnte er in dem ihm zugewiesenen Gästezimmer nicht schlafen. Und wenn er einmal einschliefe, dann wachte er mit einem Schlag auf und hatte dabei das Gefühl, daß ihn jemand beobachte. … Sixte hatte uns damals allerdings nicht erzählt, daß es in den Nächten im Gästezimmer »spektakle«, rauschte und eine Menge anderer Geräusche gegeben hat.

Auch Zitas Schwester Antonia wohnte 1913 ein paar Wochen im Gästezimmer. Diese berichtete: »Türen wurden geschlagen, überall war Rauschen und Seufzen zu hören.«

Auch Zita selbst vernahm schon bald nachts immer wieder lautes Poltern auf den Gängen, Schritte und Stampfen in den Zimmern oder Rufe ihres Namens, obwohl alle anderen Bewohner des Schlosses fest schliefen.

Weiter schrieb sie über einen Besuch im hauseigenen Oratorium:

Kaum war ich im Oratorium angelangt, hörte ich unter mir in der Kapelle Rosenkranz-Beten … Dann rief ich etwas lauter und noch einmal, bekam aber wieder keine Antwort. Ich betete weiter, als plötzlich auch wieder der Rosenkranz unter mir zu raspeln begann. Die Beterin seufzte und schnorchelte ihre Tränen herauf.

Auf Zitas Nachfrage beteuerten alle im Schloss Anwesenden, sich zu diesem Zeitpunkt nicht in der Kapelle aufgehalten zu haben, außerdem war die Türe von außen fest verschlossen. Und auch später, als »Fräulein Löw«, die Wirtschafterin des späteren Kaiserpaars, aufgrund dieses Ereignisses die Kapelle immer sorgfältig verschloss, tauchte die mysteriöse Besucherin immer wieder auf, wie Zita festhielt:

Trotzdem konnte man abends vom Oratorium aus stets das Seufzen der armen »Schnurchlerin« hören … ich frage mich oft, ob sie heute noch seufzt? Und ob sein böser Nachbar noch immer durch die Zimmer stampft …

Mit dem Zusammenbruch der Monarchie gelangte das Gebäude in den Besitz der Republik Österreich. Das Hauptgebäude wurde 1918 geschlossen, die Nebengebäude an Kriegsinvalide und Künstler vermietet. Seit 1946 sind in den ehemaligen Wirtschaftstrakten die Modeschule sowie die Modesammlung des Historischen Museums der Stadt Wien, die das Schloss 1987 gekauft hat, untergebracht.

Einige der Räume, beispielsweise die Marmorgalerie im Parterre und zwei Salons im Obergeschoss, sowie der Park sind für Trauungen zu mieten und können besichtigt werden, öffentliche Führungen finden aber nicht statt.

Bei einem Besuch im Zuge der Hochzeitsplanung für ihre Tochter hatte die 56-jährige Emilie S. aus Klagenfurt im Sommer 2010 eine seltsame Wahrnehmung.

»Als ich an diesem Tag gegen 13 Uhr alleine einen der unteren Räume besichtigte, sind mir vor Kummer Tränen über die Wangen gelaufen. Meine Tochter Sonja hatte nämlich vier Wochen zuvor ihr ungeborenes Kind verloren. Plötzlich habe ich eine Hand auf meinem Unterarm gespürt und ein leises, beruhigendes Summen an meinem Ohr vernommen, wie eine kleine Melodie. Das hat etwa drei Sekunden gedauert, dann war der Spuk wieder vorbei. Irgendein mitfühlendes Wesen wollte mich aufmuntern, das weiß ich ganz genau. Und beim Verlassen des Gebäudes habe ich dann eine zarte, lächelnde Gestalt in einem weißen Kleid wie eine Nebelschwade über den Gang schweben gesehen. Das war zwar unheimlich, aber irgendwie auch sehr tröstlich.«

Ein weiterer ungewöhnlicher Vorfall ereignete sich im Blauen Salon im Obergeschoss, den die 32-jährige Franziska W., zusammen mit ihrer 64-jährigen Mutter, Erna G., im Jänner 2015 besichtigte.

»Ich habe mir die Räume im Obergeschoss des Schlosses angesehen, weil ich dachte, dass ich dort im Sommer meine Hochzeit feiern würde – falsch gedacht, ich bin mittlerweile von meinem Freund Jürgen getrennt. Und ich glaube, dafür ist Maria Theresia zu einem kleinen Teil mitverantwortlich.

Denn während ich mich mit meiner Mutter in dem Blauen Salon umsah, hörte ich klar und deutlich eine leise Stimme, die auf Französisch fluchte. Danach vernahm ich ein Lachen und eine Art Rascheln. Doch außer mir und meiner Begleitung befand sich niemand im Raum, nur außerhalb davon hielten sich drei weitere Personen auf. Aber die Worte waren direkt neben mir erklungen und Mama hatte sie auch gehört. Sie flüsterte grinsend ›Maria Theresia‹ und meinte das auch noch ernst. Meine Mutter ist bekannt für ihr umfassendes

Wissen und ihren schrägen Humor – die Kombination von beidem ist allerdings oft nicht sehr witzig. Ich sah sie fragend an, während ich mich bemühte, nicht mehr zu frösteln, als es in dem kühlen Raum angemessen war. ›Maria Theresia hat ja Französisch gesprochen, hin und wieder‹, erklärte sie mir, überlegte kurz und sprach dann weiter, ehe ich sie daran hindern konnte: ›Mit ihrer Mutter redete sie allerdings in einem Wiener Stadtdialekt. Na vielleicht fluchte sie auf Französisch, wenn sie beim Kartenspielen verloren hat. Sie hat ja ganz gern gezockt.‹ Mich interessierte das zu diesem Zeitpunkt herzlich wenig. ›Danke für den Geschichtsunterricht‹, zischte ich sauer. Unbeirrt fuhr meine Mutter fort: ›Aber sie feiert eigentlich erst 2017 ihren 300. Geburtstag, warum sie da jetzt schon spukt … noch dazu hier, wo sie ihre Mutter doch gar nicht so wahnsinnig gern besucht hat …‹ Als ich kurz darauf erneut ein paar französische Worte hörte, die leise durch den Raum schwebten, reichte es mir und ich lief einfach hinaus, bis auf die Straße. Mama hatte sich noch für die Besichtigung bedankt und folgte mir zehn Minuten später. Sie war immer noch schwer amüsiert. Ich dachte noch einige Zeit lang, es würde gleich jemand um die Ecke biegen und ›Versteckte Kamera‹ rufen und meine Mutter wäre der Lockvogel gewesen. Zuzutrauen wäre es ihr. Doch das passierte leider nicht – also hat es in dem Gebäude wirklich gespukt.

Daheim wurden wir ausgelacht, als wir die Geschichte erzählten. Dass ich trotzdem – oder gerade erst recht – im Schloss Hetzendorf heiraten wollte, hat Jürgen nicht verstanden. Er meinte, ich hätte die fluchende Maria Theresia erfunden, sonst würde ich doch keinen Fuß mehr über die Schwelle dieses Gebäudes setzen wollen.

Jedenfalls war seit diesem Erlebnis in unserer Beziehung der Wurm drin und wir haben uns drei Monate später getrennt. Ist vermutlich auch besser so.«

Maria Theresia war eine leidenschaftliche Spielerin: Sie hat 1751 eine Lotterie mit 90 Nummern für ihr Volk eingeführt und darüber hinaus den Architekten Wolfgang von Kempelen zur Erfindung des sprechenden Automaten »Schach spielender Türke« angeregt.

Die Schmuckstücke Ihrer Majestäten, Erzherzog Johann in Nöten und der uniformierte Geist auf dem Kaiserbankerl

Im Wiener Tiergarten Schönbrunn mit seinem bis heute nahezu unveränderten barocken Kern, der 2011 die Auszeichnung »bester Zoo Europas« erhielt und jährlich rund 2,5 Millionen Besucher aus aller Welt zählt, spuken gleich mehrere adelige Geister aus dem Haus Habsburg.

In Auftrag gegeben hat die Anlage im Jahr 1751 Kaiser Franz I. Stephan, der Gemahl von Maria Theresia, als Menagerie im Park der Habsburg-Lothringischen Sommerresidenz. Allerdings war der Tiergarten für den Herrscher nicht nur ein architektonisches und repräsentatives Prestigeobjekt, sondern auch ein persönliches Refugium zur Tarnung seiner Forschungsstation, in der er sich mit geheimem Wissen befasste.

Vielleicht steckt aus diesem Grund sogar im Eröffnungsdatum der Menagerie, welches das Herrscherpaar damals bis zuletzt geheim gehalten hatte, ein mystisches Zahlenspiel: 31. 7. 1752 – das ergibt in der Ziffernsumme die Zahl 8, die für das Ewige steht. Darüber hinaus hat Franz I. Stephan dieses Datum zu Ehren Kaiser Maximilians II. gewählt, der am 31. 7. 1527 geboren wurde. Spiegelgleich zu dem Tag, an dem im selben Jahr der Mathematiker und Astronom John Dee das Licht der Welt erblickte: am 13. 7. 1527, und der ebenso an Magie interessiert war wie er selbst.

Im selben Sommer zogen bereits die ersten Tiere ein und wurden einem erlesenen Publikum präsentiert. Der kaiserliche Obersthofmeister, Fürst Johann Joseph Khevenhüller-Metsch, notierte in seinem Tagebuch, dass am 29. Juli *verschiedene Thiere (welche aber dermahlen noch meistens in Geflügelwerck bestehen)* nach Schönbrunn gebracht wurden.

Am 3. Oktober 1752 schrieb Khevenhüller-Metsch, dass der Kaiser die Knaben des Theresianums anlässlich einer Audienz in die Menagerie führen ließ und das *von diesem Herrn als eine ganz besondere Gnad anzusehen* sei.

Der Tiergarten war dennoch bis gegen Ende der Regierungszeit Maria Theresias und Franz I. Stephans im Wesentlichen der kaiserlichen Familie vorbehalten.

Sein historisches Kernstück stellt der achteckige (auch hier steht wieder die Zahl Acht als Symbol für die Ewigkeit) barocke Pavillon im Zentrum der Anlage dar, der im Jahr 1759 fertiggestellt wurde. Im Prunkstück der Herrscherfamilie mitten in der Menagerie hat man oben gespeist und den Ausblick auf die Tiere genossen. Unter dem Pavillon befand sich das Geheimlabor des Kaisers, in dem er seine alchimistischen und magischen Forschungen betrieb, am Dach war ein Sternbeobachtungsposten.

Doch Franz I. Stephan hat nicht nur im Keller des Pavillons Experimente durchgeführt, sondern auch im Labor des Kaiserhauses in der Wallnerstraße, das ähnlich eingerichtet war wie das »Physikalische Kabinett« am lothringischen Hof.

Dorthin wurden auch regelmäßig technischen Neuerungen von Ingenieuren aus unterschiedlichen Ländern geliefert. Für einen Diamantenbrennversuch ließ man *eine für damalige Zeiten treffliche electrische Maschine, einen der größten metallischen Brennspiegel in der Welt und verschiedne physikalische und mechanische Instrumente und Modele ... anschaffen.*

Die umfangreiche Sammlung des Kaiserhauses ließ Maria Theresia nach dem Tod von Franz I. Stephan in den in der Hofburg gelegenen Augustinergang verlegen.

Die Kaiserin, die den streng geheimen Forschungen ihres Gatten nichts abgewinnen konnte und vermutlich auch nicht vollständig in seine Tätigkeiten eingeweiht war, widmete sich vor allem der Regierung des Landes und ihren Kindern.

Franz I. Stephan konnte froh sein, seinen monarchischen Posten als reines Ehrenamt ausüben zu dürfen, denn für die Staatsgeschäfte hätte er tatsächlich gar keine Zeit gehabt – er hatte ausreichend zu tun mit seinen Tätigkeiten als »verrückter Professor«.

Besonders angetan war der Regent auch von dem blauen Saphir als immer wiederkehrendem »Zauber«-Symbol der Habsburger, zu dem es Rudolf II. gemacht hatte. Er ließ daher den Edelstein in das Deckengemälde im Pavillon integrieren.

Auch Maria Theresia hatte eine Schwäche für wertvolle Minerale, vor allem für einen: den geheimnisvollen »Florentiner«. Der gelbe Diamant, dessen Herkunft unbekannt ist, hat sich von der Mitte des 18. Jahrhunderts bis in die 1920er-Jahre beinahe durchgehend im Besitz der Habsburger befunden, danach verschwand er spurlos. Bis heute ist sein Verbleib ungeklärt, wobei Experten vermuten, dass er in mehrere kleine Steine gespalten und nach und nach verkauft wurde.

Der Pavillon in der Mitte der Menagerie birgt aber noch eine weitere faszinierende Geschichte: Franz I. Stephan ließ ihn zu Ehren der Menagerie und aus Liebe zu seiner Gattin an einer exakt von ihm berechneten Stelle platzieren. Zwei Mal im Jahr, am 13. Mai, dem Geburtstag von Maria Theresia, und am 31. Juli, dem Eröffnungstag der Menagerie, schickt die Morgensonne um Punkt 5 Uhr 54 (Geburtsstunde und -minute Maria Theresias) ihre Strahlen die Allee entlang über den vergoldeten Doppeladler am Dach des Schlosses und danach durch die Mittelfenster des achteckigen Pavillons, der daraufhin etwa zehn Minuten lang in einem hellen gelben Licht gleißt (im Innenraum befinden sich acht Spiegel, die das üppige Gold der Innenausstattung und die Sonnenstrahlen reflektieren). Maria Theresia soll beim erstmaligen Anblick dieses sehenswerten Spektakels sehr erfreut gewesen sein und gerufen haben: »Das Häuschen strahlt in derselben Farbe wie mein Florentiner!«

Doch das ist nicht das einzige Lichtphänomen, das es beim Pavillon, der seit 1949 als Restaurant genutzt wird, zu sehen gibt. Es liegen Augenzeugenberichte vor, dass der Bau zu den unterschiedlichsten Zeiten im Jahr – stets jedoch mitten in der Nacht – wenige Sekunden lang blau leuchtet und im Zentrum eine schemenhafte Gestalt auftaucht, die kurz darauf mit dem Licht wieder verschwindet. Es heißt, der Kaiser habe sein unterirdisches Labor nie verlassen und trete, wenn der Saphir auf dem Deckengemälde zu leuchten beginnt, in Erscheinung, um zu sehen, ob in seiner Menagerie alles in Ordnung ist.

Im Schloss Schönbrunn spukt Kaiserin Elisabeth, ihr Gatte, Kaiser Franz Joseph I., bevorzugt hingegen den Tiergarten zum Geistern.

Fünf Jahre nach dem Tod des Monarchen zog im Jahr 1770 der erste Elefant in die Menagerie ein, Wölfe und Bären folgten 1781. Der erste Löwe mit dem Namen Marco erreichte Hietzing 1816 und 1828 folgte die erste Giraffe, ein Geschenk des ägyptischen Vizekönigs. 1880 kamen Eisbären, Großkatzen, Hyänen und Kängurus sowie ein Paar Indischer Elefanten nach Schönbrunn. Die exotischen Tiere lockten nicht nur die Wiener in den kaiserlichen Zoo, der 1778, zusammen mit Schloss und Park, für *anständig gekleidete Personen* (zunächst nur an Sonntagen, wenig später bereits täglich) geöffnet wurde, sondern auch Besucher aus allen Teilen der Erde. Es handelte sich bei diesem Tiergarten daher um den ersten weltweit, den »das gemeine Volk« besichtigen durfte. Die Menagerien in anderen Ländern waren dem Adel vorbehalten.

Anfang des 20. Jahrhunderts gehörte der Zoo, der sich zu dieser Zeit noch immer im Besitz der kaiserlichen Familie befand, mit damals rund 3 500 Tieren zu den schönsten und modernsten auf dem Globus.

Nach den beiden Weltkriegen, die der Anlage und den Tieren arg zusetzten, und der kargen Zeit danach brachte der 1991 eingesetzte Direktor Helmut Pechlaner neuen Schwung in den Tiergarten und nahm zahlreiche Verbesserungen vor – die Gehege wurden erweitert und einige Neuerungen, beispielsweise das Regenwaldhaus, geschaffen. Pechlaner vergrößerte den Zoo außerdem von zwölf auf 17 Hektar. Er veranlasste 1992 die Wiederherstellung des Tirolergartens (Areal am Glorietteberg südlich des Tiergartens) und 1994 die Errichtung des Haidachhofs (ein 1722 im Tiroler Brandenbergtal errichtetes, denkmalgeschütztes Gebäude, das dort Stück für Stück abgetragen und dessen insgesamt 3 000 Teile in Schönbrunn wieder sorgfältig zusammengebaut wurden), in dem gefährdete Haustierrassen gehalten und gezüchtet werden.

Den Tirolergarten ließ zu Beginn des 19. Jahrhunderts Erzherzog Johann (1782–1859), Enkel von Kaiser Franz I. Stephan und Maria Theresia, Sohn von Kaiser Leopold II. und Maria Ludovica von Spanien, anlegen und ein Bauernhaus im Tiroler Stil mit Nebengebäuden errichten. Er betrieb dort eine Viehwirtschaft und experimentierte mit der Veredelung von Obstbäumen. Auf dem Platz dieses »Tirolerhofs« steht heute der Haidachhof, und wo sich damals eine Scheune befand, hat Helmut Pechlaner 1997 ein Gasthaus erbauen lassen, das architektonisch an das Gut von Erzherzog Johann erinnert.

Der Habsburger, der sich in Schönbrunn als erster Biobauer betätigte, geistert offenbar immer noch auf dem Hügel im Tiergarten herum und hält Ausschau nach *seinem* Haus aus Tirol. Eine 35-jährige ehemalige Angestellte des Gasthauses, die anonym bleiben möchte, soll den Erzherzog mit verwirrter Miene und suchendem Blick mehrmals in der Nähe des Haidachhofs herumspazieren gesehen haben.

Und noch ein Habsburger treibt offenbar im Tiergarten Schönbrunn sein Unwesen: Kaiser Franz Joseph I. HRR (1830–1916), Sohn von Erzherzog Franz Karl von Österreich und Sophie Friederike von Bayern. Kein Wunder, war dieser Herrscher als »Vater der Nation« bei seinen Untertanen doch beliebt wie kein anderer vor ihm: Er gab sich als schlichter Jägersmann, dem kein Anliegen eines Untertans zu gering schien, um sich darum zu kümmern. Millionen von Häusern in Österreich waren damals mit preiswerten Drucken des »guten Kaisers« geschmückt, die kultische Verehrung des Volks für ihren Franz kannte kaum Grenzen.

Geheiratet hat der Monarch mit dem markant getrimmten Backenbart im Jahr 1854 Elisabeth Amalie Eugenie, Herzogin in Bayern, genannt Sisi (1837–1898), die noch heute Millionen von Menschen begeistert und die Kassen in unserem Land klingeln lässt.

Und obwohl Franz Joseph I. seine zauberhafte Gattin von Herzen liebte, pflegte er als stattliches Mannsbild mit ein paar Machoallüren zumindest *ein* außereheliches Verhältnis – damit ist allerdings nicht die Romanze mit Hofschauspielerin Katharina Schratt gemeint, mit der Franz Joseph von 1885 bis zu seinem Tod eine von inniger Freundschaft geprägte Beziehung verband (ob diese jemals auch sexueller Natur war, kann nicht mit Sicherheit gesagt werden). Jedenfalls wurde diese wie auch immer geartete Verbindung von Sisi, die schon früh vor dem streng reglementierten Leben am Wiener Hof floh, sehr viel wanderte (Fortsetzung siehe Seite 109: *Leopoldsberg* – Wo weiland Ihre Majestät Kaiserin Elisabeth weite Umschau hielt) und sich ab 1860 häufig auf Reisen begab, nicht nur abgesegnet, sondern sogar gefördert. Auch wenn sie später einmal in ihr Tagebuch schrieb, als ihr Gatte von einem Besuch bei der Freundin nach Hause kam: *Kehrt heim von seiner Kuh, o welch ein Ochs bist du!*

Bei dem Verhältnis des Kaisers, das er von 1875 bis 1888 aufrechterhielt, handelte es sich um die körperliche Hingabe zu Anna Nahowski.

Franz Joseph war ein ausgesprochener Morgenmensch und ging fast täglich morgens schon gegen fünf Uhr im Park und im Tiergarten spazieren. Häufig machte er dabei im Pavillon Rast, um ein paar Worte mit dem damaligen Menagerie-Leiter, Hofrat Alois Kraus, zu wechseln, der im Winter täglich extra für den kleinen Plausch mit einem kleinem Imbiss einheizen musste. Auf einem dieser frühmorgendlichen Märsche traf der Regent am 6. Juni 1875 auf ein schlankes dunkelhaariges 15-jähriges Mädchen, das mit seiner Dienstmagd Lini unterwegs war. Er sprach es an mit den Worten: »Sie gehen aber fleißig spazieren!« und verabredete sich sogleich für den nächsten Tag mit dem jungen Ding. Anna Nahowski hat am selben Abend in einem Büchlein vermerkt, dass diese Begegnung der glücklichste Moment ihres Lebens gewesen wäre, was sie auch später immer wieder betonte.

Die junge Frau befand sich zu diesem Zeitpunkt in einer lieblosen Ehe mit einem reichen Seidenfabrikanten und zugleich spielsüchtigen Alkoholiker und der Kaiser vereinsamte neben seiner reisefreudigen Gattin zusehends und sehnte sich nach Zuneigung und Zärtlichkeit.

Nach dieser ersten Kontaktaufnahme im Schlosspark machte Franz Joseph Anna Nahowski den Hof, die sich aus vollem Herzen in den Regenten verliebte. Nach dem ersten Kuss auf einem Bänkchen im Tirolergarten am 15. Juni 1875 schrieb die junge Frau in ihr Büchlein: *Ich hab' ihn wahrhaftig geküsst. Ich fühle es noch, der Bart war vom Regen nass.* Der Herrscher hatte für diesen romantischen Moment eine sehr günstig platzierte Sitzgelegenheit ausgewählt, die von außen nicht einzusehen war. Und ab diesem Tag wurde dieses Bänkchen für einige Jahre zum ständigen Treffpunkt des Liebespaares.

Wann genau das Techtelmechtel in eine sexuelle Beziehung überging, ist nicht belegt, vermutlich jedoch etwa drei Jahre nach dem ersten Aufeinandertreffen der beiden. Als Franz Joseph die heimlichen Stelldicheins in freier Natur zu anstrengend wurden, besuchte der verliebte Gockel die junge Frau zu Hause. Anna wohnte mit ihrem zweiten Mann, Franz Nahowski, in einer Villa (Maxingstraße 46/Ecke Weidlichgasse), die praktischerweise direkt neben dem Schlosspark lag – das Geld für dieses luxuriöse Heim stammte größtenteils vom Kaiser.

Nach seiner morgendlichen Körperhygiene, die bereits um vier Uhr mit einem Bad in einer Gummiwanne begann, schlich sich der Regent auf Zehenspitzen aus dem Schloss. Er ging in die Menagerie »um den Tieren beim Erwachen zuzusehen«, plauschte kurz mit Alois Kraus, stärkte sich mit einem kleinen Frühstück, schlüpfte dann durch ein Türchen hinaus auf die Maxingstraße und machte sich fröhlich pfeifend auf den Weg zu seiner Geliebten.

Als Franz Joseph jedoch Katharina Schratt kennenlernte, die sich fast neben dem Ehepaar Nahowski ansiedelte (Gloriettegasse 19/Ecke Wattmanngasse), wurden die Treffen mit seiner Geliebten immer seltener, bis der Kaiser sich von ihr trennte und sie mit 200.000 Gulden (heute mehr als 1,5 Millionen Euro) abfand. Die junge Frau musste im Gegenzug dafür den Eid leisten, über die Affäre Stillschweigen zu bewahren, was sie auch bis an ihr Lebensende tat.

Ob aus schlechtem Gewissen seiner Sisi gegenüber, aus Reue, die Beziehung beendet zu haben, oder aus reiner Sentimentalität – jedenfalls spukt Kaiser Franz Joseph I. regelmäßig in der Nähe des Bänkchens, auf dem er die junge Anna Nahowski das erste Mal geküsst hat.

Augenzeugin Gudrun Weber, eine 58-jährige Unternehmerin aus Hamburg, erzählt Folgendes über das unverhoffte Aufeinandertreffen mit Ihrer Majestät:

»Ich besuchte im Juni 2007 mit meiner Familie den Tiergarten in Schönbrunn, als wir auf unserem Österreichurlaub auch ein paar Tage in Wien verbrachten. Gegen 16 Uhr wollten die Kinder noch auf den Bauernhof, der ganz oben auf dem Hügel liegt. Ich war schon sehr müde, schlich der Gruppe also als Letzte mit ein paar Metern Abstand hinterher. In einer Biegung sah ich einen Mann auf einer Bank sitzen, der aussah wie der Kaiser Franz Joseph höchstpersönlich – mitsamt Uniform und dickem Schnauz- bzw. Backenbart. Zuerst dachte ich, man hätte an der Stelle eine Attrappe platziert, doch die Gestalt bewegte sich, als ich neugierig auf sie zuging, drehte den Kopf in meine Richtung und verzog den Mund zu einem Lächeln. Ich wollte das vermeintliche Kaiserdouble gerade freundlich grüßen, als es sich vor meinen Augen auflöste. Es hat sehr gruselig ausgesehen, aber ich war so gebannt, dass mir gar nicht in den Sinn kam, wegzulaufen: Zuerst verschwammen die Konturen der Gestalt, danach wurde sie ganz dünn, als würde man Luft aus einem Ballon lassen, und dann fiel die mittlerweile formlose Masse zu Boden, verlief dort und stieg als eine Art helle Wolke auf, bis sie verpuffte. Ich weiß, das klingt verrückt, aber genau das habe ich gesehen. Natürlich hat mir das niemand von meiner Familie geglaubt, aber ich weiß, dass ich dem Geist von Kaiser Franz Joseph begegnet bin.«

Es liegt zu diesem Phänomen ein weiterer Bericht vor, und zwar von einer Tierpflegerin, die nicht genannt werden möchte. Sie hat den Kaiser bereits mehrmals im Dämmerlicht schemenhaft auf besagter Bank sitzen gesehen, bzw. einige Male auch nur den Rauch seiner Zigarren gerochen und ihn hüsteln gehört.

»Im Park herrscht bereits seit 1805 Rauchverbot, aber der Kaiser hat sich daran natürlich nicht gehalten. Er hat bei all seinen morgendlichen Spaziergängen immer mindestens eine von seinen dicken Zigarren geraucht, ›Regalia media‹ hat die Sorte geheißen. Und ich rieche hin und wieder Zigarrentabak, wenn ich an dem Bankerl vorbeigehe. Zwei Mal hat dabei auch schon das Kaiserglöckerl geläutet – das war in einer Vollmondnacht, als eine unserer Äffinnen in den Wehen lag. Das schlagen wir üblicherweise nur bei der abendlichen Schließung des Tiergartens an, das hätte also gar nicht erklingen dürfen.«

Die Bank (an der Stelle, an der sich einst das Original befand), auf dem der Kaiser mit Anna Nahowski schöne Stunden verbrachte und von dem er sich offenbar nicht lösen kann, liegt auf dem Weg zum Tirolerhof, der oberhalb des Tropenhauses zwischen den Anlagen der Nasenbären und der Mandschurenkraniche beginnt. Es steht in einem linken Seitenarm (Sackgasse) vom Hauptweg in einer Kurve im unteren Drittel der etwa einen Kilometer langen Strecke (etwa 40 Schritte ab dem Gehege der Nasenbären).

Das sogenannte Kaiserglöckerl läutet bereits seit rund 250 Jahren und wurde schon zur Kaiserzeit verwendet – damals bei der abendlichen Schließung des Tiergartens wie auch um das Eintreffen des Kaisers und der Erzherzöge anzukündigen. Es befindet sich am Ende der Giraffenanlage auf der linken Ecke (wenn man mit dem Rücken zum Kaiserpavillon steht).

Darüber hinaus scheint Franz Joseph auch hin und wieder beim seit der Entstehung mehrfach restaurierten Affenhaus herumzuspazieren, an dessen Ausbau der Kaiser beteiligt war und das ihm offenbar sehr am Herzen lag. Zwei Zoo-Mitarbeiterinnen haben ihn dort als goldfarbenen Umriss bereits mehrmals, immer kurz vor Morgengrauen, hineinschlüpfen sehen. Zu den Affen hatte der Regent eine enge Beziehung und schätzte diese Tiere sehr, heißt es.

Aber auch zu den beiden weiblichen Angestellten hat der Kaiser offenbar ein gutes Verhältnis – noch zu seinen Lebzeiten hat er nämlich bei seinen Spaziergängen durch den Tierpark seine »Bodyguards« stets angewiesen, er wolle nur ihm vertraute Tierpfleger oder Gärtner treffen und keinen fremden Menschen begegnen. Die Wachleute selbst hatten unsichtbar zu bleiben und sich hauptsächlich in dem unterirdischen Ganglabyrinth zu bewegen. Auf diese Art lebte Kaiser Franz Joseph in seiner rosaroten Scheinwelt auf einem total überwachten Areal und spielte die Rolle des unbeschwerten Regenten in einem von ihm selbst inszenierten Stück.

Seit dem Jahr 2012 gibt es im Tiergarten auch ein Kaiserschnurrbarttamarin-Pärchen, Christine und Kasimir (nach Marie Christine, Maria Theresias Lieblingstochter, und ihrem Gatten, Albert Kasimir von Sachsen-Teschen, benannt), das 2013 Nachwuchs bekommen hat.

Und obwohl die Gesichtsbehaarung der südamerikanischen Regenwaldaffen an den Schnurrbart des Kaisers Wilhelm II. aus dem Haus Hohenzollern erinnert, werden sie offenbar regelmäßig von Franz Joseph besucht. Eine der beiden Zoo-Mitarbeiterinnen behauptet allerdings, auch Kaiser Wilhelm II. schon einmal beim Affenhaus gesehen zu haben – möglicherweise treffen sich die beiden Herrscher, die in früheren Zeiten ja Verbündete waren, dort hin und wieder, um über alte Zeiten zu plaudern.

Aber nicht nur im Tiergarten spukt es, sondern auch im Schloss Schönbrunn, das 1569 durch Kaiser Maximilian II. in die Hände der Habsburger gelangte. Dort zeigt sich von Zeit zu Zeit die feinstoffliche Energie von Kaiserin Sisi.

Ihre Hoheit schwebt aus dem Jenseits herbei, setzt sich an ihre Frisierkommode, die in einem für Besucher zugänglichen Raum ausgestellt ist, und kämmt dort im Zwielicht versonnen ihr langes Haar (nachzulesen im Buch »Spuk in Wien«, Verlag Ueberreuter, Wien 2005, von Christof Bieberger, Alexandra Gruber und Gabriele Hasmann).

In einigen Räumen des Palasts ist außerdem in unregelmäßigen Abständen leises Stimmengewirr, Gekicher und das Klirren von aneinanderstoßenden Gläsern zu vernehmen, als ob ein paar habsburgische Geister mit ihren Freunden ein Fest feiern würden. Dieses akustische Phänomen trat bereits zu Zeiten der Monarchie auf, wurde von Angestellten der kaiserlichen Familie wahrgenommen und wird von einigen Bediensteten des Schlosses bis heute immer wieder gehört.

Darüber hinaus kann man im Schlosspark unter Umständen dem Geist einer jungen Frau begegnen, die als die polnische Gräfin Maria Walewska identifiziert werden konnte und die sich in den meisten Fällen in der Nähe des Sternbassins aufhält (zu dem man am Anfang des Hauptwegs rechts abbiegt). Es handelte sich dabei um die Geliebte Napoleon Bonapartes, die während der französischen Besatzung 1809 im Schloss Schönbrunn schwanger wurde, in dem der bis dato kinderlose Franzosenkaiser zu dieser Zeit residierte. Napoleon, der plötzlich wieder selbstbewusst voll im Saft stand, beschloss daraufhin, sich von seiner offenbar unfruchtbaren Frau Joséphine zu trennen – aber nicht, um sich Maria zuzuwenden, sondern um sich auf Brautschau zu begeben, an deren Ende die Ehe mit der Habsburgerin Marie Louise stand (Fortsetzung siehe Seite 98: *Augustinerkirche* – Bittere Tränen! Marie Louise oder Marie Antoinette?)

Der polnischen Gräfin brach das Herz, weshalb sie offenbar noch heute an dem Ort auftaucht, an dem sie einst glücklich war, bevor Napoleon sich von ihr abwandte.

Im Sog des Irrsinns

Neben dem Abhalten von Séancen stellte auch das Betrachten und Studieren »abnormaler Bürger« sowie missgebildeter oder anders verunstalteter Personen einen »Zeitvertreib« von Kaiserin Elisabeth dar, weshalb sie sich stets auf der Suche nach »frischem, krankem Menschenmaterial« befand – eine Leidenschaft, die sie mit ihrem Sohn, Kronprinz Rudolf, teilte.

Dem skurrilen Trend folgend, wurden ab Mitte des 19. Jahrhunderts im Prater Abnormitäten-Shows veranstaltet. In Kabinetten präsentierten die Veranstalter schaulustigen Besuchern »Freaks« wie Haarmenschen, Fettleibige, siamesische Zwillinge und Menschen mit körperlichen Behinderungen wie beispielsweise den Russen Nikolai Kobelkoff, dem bis auf kurze Stümpfe dic Gliedmaßen fehlten. Eine weitere Attraktion kam im Jahr 1871 hinzu, als der Raubtierbändiger Hermann Präuscher im Wurstelprater ein Panoptikum und Menschenmuseum eröffnete. Der Dompteur stellte in seiner Bude vorwiegend menschliche Präparate, etwa krankhaft veränderte Körper- und Geschlechtsorgane sowie abgetrennte Gliedmaßen, aus. Zusätzlich zeigte er Wachsfiguren, diverse mittelalterliche Foltergeräte, tierische Präparate und ausgestopfte Menschen (die Häute hatte er deren Besitzern angeblich schon zu Lebzeiten abgekauft).

Seit 1971 existiert eine ähnliche Ausstellung wie die des Raubtierbändigers im Narrenturm, einer ehemaligen »Irrenanstalt«, auf dem Gelände des alten AKH. Dort, wo einst »Tollende, Rasende und Unreine« in engen Zellen zusammengepfercht wurden und an sich herumexperimentieren lassen mussten, befindet sich heute die »Pathologisch-anatomische Sammlung« mit großteils von Krankheiten entstellten Körperteilen. Der schmucklose fünfstöckige Bau im Stil des Barock-Klassizismus mit den 139 an runden Korridoren angeordneten Zellen, im Volksmund wegen seiner Form auch »Gugelhupf« genannt, wurde Ende des 18. Jahrhunderts unter Kaiser Joseph II. errichtet. Das Gebäude war Teil eines großen Komplexes, auf dessen Areal sich auch noch das Hauptspital und das Gebärhaus befanden, und stellte damals die weltweit erste Spezialeinrichtung zur Unterbringung von »Geisteskranken« dar. Die Konstruktion des Narrenturms erfolgte nach einem mystischen mathematischen System, geprägt von Einflüssen aus Alchimie, Kabbala und Freimaurersymbolik.

Am 19. April 1784 zogen die ersten »Unsinnigen, Wahn- und Aberwitzigen, Wahnsinnigen, Tobenden, Tollenden, Rasenden, Halluzinierenden, Melancholischen, Säufer, Unreinen, Krätzigen etc.«, zusammengeholt aus sämtlichen Verwahranstalten Wiens, in das »Tollhaus zu Wien« ein. Sich besonders »arg gebärdende« oder »extrem unreinliche Personen« wurden in lederne Transportsäcke eingenäht und auf Ochsenkarren hingeführt. In der Folgezeit hat man Hunderte solcher»Irrer« via *guther polizey* in der Anstalt abgeliefert.

Die »Provinzialnachrichten« schrieben am 11. Februar 1786: *Die ruhigen Wahnsinnigen haben alle Betten. Die wüthenden bekommen Strohlager.*

Im Jahr 1787 gab der Kaiser folgende Anweisung (Gesetzesabdruck in den »Provinzialnachrichten« vom 14. Juli): *Du sollst nicht in öffentlichen Orten, oder in Gegenwart anderer Menschen durch Reden, Schriften, Handlungen den allmächtigen Gott freventlich lästern, sonst ist dir das Tollhaus zu deiner Besserung bestimmt.*

1789 stattete ein Reisender der neuen »Irrenanstalt« als einer der Hauptsehenswürdigkeiten in Wien einen Besuch ab und schrieb später nieder: *Ein großer Theil der Unglücklichen, hier Eingesperrten, sind Soldaten. Viele sind nicht in die Behältnisse eingekerkert, sondern sitzen und laufen in den Gängen umher. Manche liegen an Ketten in ihren Kerkern, und sind an die Wände angeschlossen.*

Behandelt wurden die Patienten mit Diäten, Brechmitteln, Aderlässen und Klistieren, vielfach schlugen diese Maßnahmen tatsächlich an, wie der anonyme Reisende feststellte: *... auch habe ich erfahren, dass viele wieder hergestellt von hier zurückkehren.*

Das Haus war meistens bis unters Dach voll, auch wenn eine rege Fluktuation herrschte – im Jahr 1807 beispielsweise wurden laut einem Bericht in der »Wiener Zeitung« (Ausgabe vom 29. März 1809)

Joseph II. war stets auf der Suche nach »abnormem Menschenmaterial« und baute für »Irrsinnige« den Narrenturm als mystische Genesungsmaschinerie.

192 Personen aufgenommen und 147 als genesen entlassen. Laut Zirkularverordnung im Jahr 1811 lag der »Verpflegsbetrag« in der Anstalt pro Person zu dieser Zeit bei rund einem Gulden – das sind in heutiger Währung 45 Cent.

Bis 1866 war das Gebäude mit Patienten belegt, danach diente es verschiedensten Zwecken wie beispielsweise als Archiv, Depot, Werkstatt oder zur Unterbringung von medizinischem Personal und Material.

Seit 1971 ist im Narrenturm das Pathologisch-Anatomische Bundesmuseum untergebracht, das mit mittlerweile rund 50 000 Präparaten (anfänglich waren es 7 000) eine der weltweit bedeutendsten Sammlungen ihrer Art darstellt. Gegründet worden war das »Präparate Cabinet« unter Kaiser Franz II. vom damaligen Direktor des Alten AKH in den Räumlichkeiten des Spitals.

In der Zeitung »Wiener neueste Nachrichten« vom 18. November 1939 wurde der Narrenturm als sehenswerte Merkwürdigkeit angepriesen: *Sicherlich haben Sie schon oft das ulkige Wiener Wort gehört: »Der ghört in Gugelhupf eini ...« Haben Sie ihn schon gesehen, den Gugelhupf? Gehen Sie in die Sensengasse! Dort sehen Sie in seiner ganzen Häßlichkeit den »Gugelhupf«, den »Narrenturm«, die erste Irrenanstalt Europas.*

Joseph II. HRR (1741–1790), Sohn von Kaiser Franz I. Stephan und Maria Theresia (und größte Waffe seiner Mutter gegen Kritiker und Feinde, da er die Fortsetzung der habsburgischen Linie im Land sicherte), pflegte sich vor einer Unternehmung oder Investition gut zu informieren, besonders wenn es um den Bereich »soziale Dienstleistung« ging. Als »Graf von Falkenstein« reiste er inkognito quer durch ganz Europa – nicht selten auf der Flucht vor seiner Mutter Maria Theresia, die das Kaiserzepter inoffiziell bis zu ihrem Tod nicht aus der Hand gab – und ließ sich über die sozialen, gesundheitlichen und finanziellen Probleme der Menschen direkt vor Ort in Kenntnis setzen. Joseph hatte erkannt, dass es zur Staatsideologie gehören musste, für die Untertanen persönlich erreichbar zu sein, anstatt mit Speichelleckern und Schönrednern abgehoben im Elfenbeinturm zu sitzen, umgeben von Krone-Prunk und Hermelin-Pomp.

Und so wurde Joseph II., der keine Lust auf das kontrollierte Leben an der Hofburg unter der Fuchtel seiner strengen Mutter hatte und ständig den Kontakt zum Volk suchte, schon bald als Held gefeiert. Weil bald jeder seinen Decknamen kannte, schickte er vor Antritt einer Fahrt in der Depesche Botschafter aus, die verkündeten, dass man den Graf von Falkenstein nicht umjubeln oder gar »feierlich füttern«, sondern völlig »normal behandeln« solle. Seine Nächte verbrachte der junge Kaiser am liebsten in Wirtshäusern, Pfarrhäusern oder auf Bauernhöfen, benötigte dazu lediglich ein wenig zu Essen und Trinken sowie »40 Schab Stroh«.

Auf einigen seiner Reisen durch Europa erkundigte sich der Monarch auch über den Stand der Dinge bei der Unterbringung von »Geistesgestörten« und besuchte die verschiedensten Einrichtungen. Als er sich umfassend informiert fühlte, hat Joseph, der schon bald völlig besessen war von seiner Idee und dem Bau der »Irrenanstalt«, mithilfe des Baumeisters Josef Gerl eine Art Gesundungsmaschinerie entworfen. Diese sollte durch eine spirituelle Verbindung zwischen Mikro- und Makrokosmos heilende Veränderungsprozesse in Gang setzen. Als Universalheilmittel galt dafür die Zahl, welche eine spirituelle Energie erzeugen würde, die zur Genesung der Insassen führte – davon war der Kaiser jedenfalls überzeugt. Als Grundlange für den Entwurf galten magisch-alchimistische wie auch astronomisch-chronologische Prinzipien.

Der Kaiser war so begeistert von Tollhäusern und überzeugt vom Erfolg der Behandlungen, dass er sie munter weiterempfahl, wie folgende Anekdote beweist:

Als Papst Pius VI. sich auf Besuch in Wien befand, klagte er bei der Gelegenheit dem Kaiser, dass sich in seinem Staate so viele Leute durch Hazardspiele (Glücksspiel mit Würfeln) *zugrunde richteten und fremde Müßiggänger sich in die Städte schlichen, welche sich von dem Spiel nährten. »Schicken Eure Heiligkeit die Ersteren in die Tollhäuser und die Letzteren auf die Galeeren!«*, antwortete Joseph II.

Der reformfreudigste Regent unter den Habsburgern, der unter anderem die Religionsfreiheit einführte, die Leibeigenschaft aufhob und die Folter verbieten ließ, außerdem seinem Volk den Prater schenkte (im Jahr 1755), war aber auch ein ungeduldiger Perfektionist. Nicht selten haben ihm Zeitgenossen vorgeworfen, aufgrund seiner Besessenheit, die habsburgischen Erblande so schnell wie möglich zu modernisieren, unbesonnen und schonungslos zu agieren. Bei der recht undiplomatisch durchgeführten Kirchenreform kritisierte man beispielsweise, dass er auf der barocken Frömmigkeit seines Volkes herumtrample. Zeitgenossen bezeichneten seine Maßnahmen häufig als »Folge von wilden Improvisationen«.

Auch die Errichtung des Narrenturms wurde damals von Experten als »übereilte und teils schlampige Maßnahme Ihrer Majestät und Mischung aus gut gemeint und sehr eigentümlich« bezeichnet. Wahrscheinlich aus diesem Grund und infolge von Neuerungen in der Therapie von »Geisteskranken« galt die Institution bereits nach zehn Jahren als völlig überholt – was Joseph aber nicht mehr miterlebte, da er zu diesem Zeitpunkt bereits verstorben war. Vermutlich hätte es ihn schwer getroffen, sein ehrgeiziges Projekt, sein Idealbild einer derartigen Einrichtung, so rasch unmodern werden zu sehen.

In seinem Privatleben war dem Kaiser kein Glück beschieden: Seine geliebte erste Ehefrau, Isabella von Bourbon-Parma, erlag bereits drei Jahre nach der Eheschließung 1763 einer Pockeninfektion und hinterließ einen gebrochenen Mann. Die nächste Frau, mit der er von Maria Theresia verkuppelt wurde, hatte daher nicht den Funken einer Chance, vom Thronfolger anerkannt zu werden. Er zog eine Mauer zwischen seinem und ihrem Schlafzimmer hoch und weigerte sich, mit der unattraktiven Maria Josepha von Bayern die Ehe zu vollziehen. Ihr Ableben zwei Jahre nach der Eheschließung nahm er kaum zur Kenntnis. Sehr getroffen hat ihn jedoch der Tod seiner einzigen Tochter Maria Theresia im Jahr 1770, die mit nur acht Jahren an einer Lungenentzündung verstarb, worauf der Kaiser in der zweiten Hälfte seines Lebens zunehmend vereinsamte.

Sexuelle Befriedigung fand er in unzähligen Liebschaften mit Frauen aus den untersten Volksschichten. Joseph soll auch zahlreiche uneheliche Kinder gehabt haben. Der Monarch war außerdem dafür bekannt, der käuflichen Liebe nicht abgeneigt zu sein, aber nur wenig dafür bezahlen zu wollen. Bis heute zeugt vom postkoitalen Geiz des Herrschers folgende Inschrift an der Hauseinfahrt Nr. 13 in der Gutenberggasse am Wiener Spittelberg (heute Restaurant »Witwe Bolte«), damals das verrufenste Viertel der Stadt und bekanntes Rotlichtmilieu: *Durch dieses Thor im Bogen kam Kaiser Joseph II. geflogen. Geworfen hat ihn angeblich eine Puffmutter namens Sonnenfels-Waberl.*

Seine schwermütige Stimmung führte dazu, dass die damals auf den Bühnen der Stadt aufgeführten Stücke stets ein Happy End haben mussten – Joseph II. forderte per Dekret einen »Wiener Schluss«: Am Burgtheater mussten »Romeo und Julia«, »Hamlet« und Co. umgeschrieben werden, damit am Ende alle glücklich waren. Werke von Schiller wurden zur Gänze vom Spielplan gestrichen.

Darüber hinaus erließ Joseph II. neben seinen demokratischen Reformen – die allerdings häufig nicht gut durchdacht waren und daher oft nur für ein paar Jahre galten– teilweise recht absurde Gesetze. So ließ er beispielsweise *das muthwillige Schreien und Händeklatschen auf der Gasse* verbieten.

Dennoch agierte er als Politiker sehr fortschrittlich, was in krassem Gegensatz stand zu seinem Denken in Bezug auf die weibliche

Emanzipation. So galten bei ihm beispielsweise Hofdamen, die sich dem Reitsport verschrieben hatten, als äußerst suspekt – Pferde waren Männersache. Als etwa Josephs Schwester, Marie Karoline, zu Anfang ihrer Ehe keine Kinder bekommen konnte, führte ihr Bruder das auf ihre ausgedehnten Reitausflüge zurück und soll gesagt haben: »Außer der Gefahr, der sich die Frau dabei aussetzt, sieht eine solche zu Pferde doch immer aus wie ein Affe.« Besonders hart traf den Kaiser daher auch das offensichtliche lesbische Verhältnis von Isabella mit seiner Schwester Marie Christine von Österreich (die später Herzog Albert Kasimir von Sachsen-Teschen heiratete) – ein ausführlicher Briefwechsel der beiden Damen belegt die gleichgeschlechtliche Zuneigung im Detail, Verabschiedungen erfolgten etwa mit den Worten »Ich sterbe aus Lieb« oder »Ich küsse Dein erzenglisches Arscherl!« Deutlicher brauchte es dann selbst ein manchmal schwerfälliger Joseph II. nicht, um die Zusammenhänge zu verstehen.

Beruflich war der Kaiser allerdings weiterhin halbwegs erfolgreich, so schaffte er beispielsweise die Todesstrafe ab: Bereits 1781 wurden alle Gerichte der Monarchie angewiesen, ausgesprochene Todesurteile nicht zu exekutieren, sondern in lebenslange Freiheitsstrafen umzuwandeln. Zugleich dachte sich der Monarch allerdings äußerst brutale Sanktionen für die Untäter aus und ließ sie beispielsweise laut § 188 der Kriminalgerichtsordnung lebenslang Kähne per Seil donauaufwärts – also gegen den Strom – schleppen, wobei mehr als die Hälfte der »Schiffszieher« bereits innerhalb der ersten Monate verstarben.

Joseph II. hatte neben seinem Ruf als »Hasser des Adels«, »Verweigerer steifer Zeremonielle« und » polyglotter Weltenbummler – er bereiste während seiner Regierungszeit immerhin rund ein Drittel der Erblande – auch jenen des »genusssüchtigen Fresssacks«, da er meist bereits am Morgen damit begann, sich mit eisgekühltem Bier und fettem Bratfleisch zu stärken. Die ungesunde Ernährung setzte dem Kaiser allerdings ordentlich zu, er litt an Verdauungsproblemen, Gicht und sich in schwindelerregenden Höhen befindlichen Zuckerwerten. Als er an Tuberkulose erkrankte, hatte sein geschwächter Körper keine Kraft, gegen das Leiden anzukämpfen, und so verstarb Joseph im Jahr 1790 noch vor seinem 50. Geburtstag.

Der Kaiser hat jedenfalls jede Menge Spuren in Wien hinterlassen, die deutlichsten, in welchen er bis heute wandelt, aber offenbar beim Narrenturm, seiner im Rahmen des »Mitleids für Wahnsinnige« ins Leben gerufenen Genesungsmaschinerie.

Das zumindest zeigt folgende Geschichte, erzählt von zwei älteren Damen, Hilde F. (72) und Helene M. (76), die ihr Erlebnis nicht nur sarkastisch kommentieren, sondern es geistvoll mit historischen Fakten unterlegen und interpretieren.

»Der Joseph II. war ja einer, der Hummeln im Hintern hatte und dauernd irgendwelche Pläne umsetzen musste: Zuerst hat er den Papst entmachtet und Klöster geschlossen, dann die Bestattungen unter den Kirchen verboten – sicher eine weise Entscheidung, denn da muss es beim Beten ordentlich gestunken haben. Er ließ außerdem Gebäude zur Unterbringung Kranker, Armer und Waisen errichten und später, nachdem er sich vom Schürzenzipfel seiner Übermutter, Maria Theresia, hatte lösen können, die Folter abschaffen.

Er kam im Gegensatz zu vielen anderen Herrschern dieser Zeit, deren größte Sorge darin bestand, ob ihre Zopfperücken ordnungsgemäß gepudert und ihre Schnallenschuhen spiegelblank poliert waren, sehr bodenständig daher.

Aber beim Narrenturm ist er übers Ziel hinausgeschossen und hat sich in eine sehr eigentümliche Idee verliebt. Er glaubte nämlich, dass die Architektur des Gebäudes inklusive mystischer Zahlensymbolik zur Heilung der Patienten beitragen könne, hat dabei aber auf das Wesentliche vergessen: Es wäre nämlich wichtig gewesen, dass seine Ärzte stets Therapiemethoden nach den neuesten Erkenntnissen umsetzten und sich laufend über die Fortschritte bei der Behandlung der Patienten informierten. Aber das schien von Anfang an nur zweitrangig für den Kaiser zu sein, denn er war offenbar einfach nur fasziniert und fast schon besessen von dem Gebäude selbst.

Wir beide halten uns ja öfter in der Anlage vom Alten AKH auf, weil wir ganz in der Nähe wohnen und man dort so schön spazieren gehen kann. Den Narrenturm meiden wir allerdings, weil er sehr negative beziehungsweise deprimierende Energien abstrahlt, die einen wie ein Sog zu Boden ziehen. Und das spüren nicht nur wir, sondern fast alle unsere Seniorenfreunde, die sich uns hin und wieder anschließen.

Wir haben auch schon mehrmals eine schwarze Gestalt um den Turm huschen gesehen. Sie schaut uns immer nur traurig an, dreht sich danach mehrmals ganz schnell um sich selbst und verschwindet im Erdboden. Einmal haben wir sogar schon genau an der Stelle nachgeschaut, aber man konnte auf dem Weg nichts sehen, da war kein Loch oder so. Wie eine kaiserliche Hoheit hat dieses Wesen nicht ausgesehen, zumindest nicht wie zu dessen Lebzeiten. Wir sind trotzdem sicher, dass es sich um Joseph II. handelt, der von der magischen Anziehungskraft, die der Narrenturm einst auf ihn ausübte, nicht loskommt und sich für alle Zeit im Sog des Irrsinns befindet, aus dem es kein Entkommen gibt.«

Mehr zu dem Bauwerk und den seltsamen Vorkommnissen in seinem Inneren ist nachzulesen im Buch »Hexen, Heiler und Dämonen – Geheimnisvolle Ort und magische Menschen in Österreich« (von Gabriele Hasmann und Ursula Hepp, Ueberreuter Verlag, Wien 2010).

Henriette im Spiegel und Karl auf dem Weg zum Lusthaus

Bei der Albertina im Stadtzentrum von Wien handelt es sich um ein Kunstmuseum im Palais Erzherzog Albrecht, das sich einst im Besitz des gleichnamigen Habsburgers befand – dem Vater der unglücklichen Mathilde von Österreich-Teschen, deren Kleid in den Räumlichkeiten des Gebäudes im Jahr 1867 Feuer fing. Heute beherbergt das Palais eine der bedeutendsten grafischen Sammlungen der Welt, die nach ihrem Begründer benannt ist, Albert Kasimir von Sachsen-Teschen (1738–1822).

Obwohl Kaiserin Maria Theresia eine Meisterin der Heiratspolitik war und sechs ihrer 16 Kinder aus Staatsräson und zum Wohle der Monarchie unter die Haube brachte, erlaubte sie ihrer Tochter Marie Christine, Albert »nur« aus Liebe zu heiraten. Sie richtete dem Paar eine prunkvolle Hochzeit aus und schloss ihren Schwiegersohn sogar ins Herz. Die Ehe wurde glücklich, blieb jedoch kinderlos.

Nach dem Tod von Marie Christine setzte der tief trauernde Witwer seiner Liebsten in der Augustinerkirche ein Grabdenkmal mit der Inschrift *Uxori optimae*, was so viel wie *der besten Gattin* bedeutet. Albert blieb die folgenden 24 Jahre, um die er seine Ehefrau überlebte, unverheiratet und widmete sich ausschließlich seiner großen Leidenschaft, der Kunst. In dieser Zeit schuf er den Grundstock für die Sammlung der Albertina, die mittlerweile über einen Bestand von rund 65 000 Zeichnungen und einer Million druckgrafischen Blättern verfügt. Darüber hinaus ließ er das barocke Palais durch einen imposanten Prunkraumflügel erweitern.

Nach dem Ableben des Kunstliebhabers fielen das Gebäude und die Sammlung an Erzherzog Karl (1771–1847), den Enkel von Kaiser Franz I. Stephan und Maria Theresia sowie Sohn von Kaiser Leopold II. HRR und Maria Ludovica von Spanien, der von Marie Christine (seiner Tante) und Albert 1791 adoptiert worden war. Es handelte sich bei Erzherzog Karl um den Großvater von Erzherzogin Mathilde von Österreich-Teschen.

Berühmtheit erlangte dieser Habsburger durch die Schlacht bei Aspern im Jahr 1809, bei der er Napoleon Bonaparte und seine »Grande Armée« besiegte, obwohl die französischen Kämpfer den österreichischen zahlenmäßig weit überlegen waren. Karl heiratete 1815 die 26 Jahre jüngere deutsche Prinzessin Henriette Alexandrine von Nassau-Weilburg (1797–1829), eine Protestantin, die auch nach ihrer Hochzeit nicht zum Katholizismus konvertierte – es handelte sich um die erste »Mischehe« im Haus Habsburg. Angeblich war diese für damalige Zeiten unkonventionelle Beziehung nur deshalb möglich, weil Karls Bruder, Kaiser Franz II., ihm nach seiner Heldentat in Aspern die freie Wahl ließ. Die Ehe verlief allen Unkenrufen zum Trotz außergewöhnlich glücklich. Für seine geliebte Gattin ließ Erzherzog Karl ab 1820 in Baden bei Wien am Eingang ins Helenental die Weilburg errichten, in der sich Henriette ab 1823 zur Sommerfrische aufhielt.

Im Jahr 1816 wurde von Henriette in Österreich die Tradition des Christbaums – eines geschmückten Nadelbaums mit brennenden Kerzen – zu Weihnachten eingeführt. Ihr Schwager, Kaiser Franz II., war von dem Christbaum begeistert, als er ihn auf seinem Besuch im Palais Erzherzog Karl (Annagasse 20/Seilerstätte 30) erblickte, in dem das Paar vor der Übersiedlung ins Palais Erzherzog Albrecht im Jahr 1822 wohnte. Er gab daraufhin den Auftrag, auch in der Hofburg eine kerzengeschmückte Tanne aufzustellen. Weniger gut fand den neuen Brauch Erzherzog Johann, ein weiterer Bruder von Karl, der über den »Graßbaum« maulte und später in seinem Tagebuch festhielt: ... *so verstimmte mich gleich die große Hitze durch die vielen Lichter. In früherer Zeit, als ich klein war, gab es ein Kripperl, welches beleuchtet war, dabei Zuckerwerk – sonst aber nichts.*

Auch die katholischen Kirchenvertreter lehnten den »protestantischen« Christbaum kategorisch ab, noch im Jahr 1886 empfahl ein Kirchenblatt den Gläubigen, sich am Weihnachtsabend lieber um die Beichtstühle statt um den Christbaum zu versammeln.

Dennoch fand der Brauch, den es im katholischen Österreich zuvor nicht gegeben hatte, rasch Gefallen und breitete sich von da an zuerst in den adeligen Kreisen, danach in allen Gesellschaftsschichten, aus.

Henriette starb im Alter von 32 Jahren am 29. Dezember 1829, nachdem sich ihre Kinder kurz vor dem Heiligen Abend bei der Verkäuferin eines Spielzeuggeschäfts mit Scharlach angesteckt hatten. Sie übertrugen die Infektion auf ihre Mutter, bei der diese zum Tod führte.

Ihr Schwager Kaiser Franz II. bestand gegen die »Gruftetikette« der Habsburger darauf, dass sie trotz ihres evangelischen Glaubens in der Kapuzinergruft beigesetzt wurde. Er sagte: »Wenn sie als Lebende unter uns geweilt hat, so soll sie es auch als Tote.«

Henriettes Geist hat ihr Zuhause, in dem sie einst mit ihrem Gatten und den gemeinsamen sechs Kindern glücklich war, jedoch anscheinend nie verlassen – angeblich irrt die verzweifelte Frau bis heute als körperloses Wesen durch die Hallen des Palais Erzherzog Albrecht. Es heißt, sie finde keine Ruhe, da sie starb, bevor sie sicher sein konnte, dass ihre Kinder die Scharlachinfektion überlebten.

Gesehen wurde Henriette bereits von mehreren Besuchern des Palais, und zwar zumeist in einem ihrer beiden Repräsentationsräume, dem Empfangssalon und dem Audienzzimmer, die seit ihrer Ausstattung 1823 im österreichischen Empirestil nahezu unverändert geblieben sind. Im Audienzzimmer stand ab dem Jahr 1822 der Christbaum, der alle Jahre wieder die herrschaftlichen Hallen schmückte.

Allerdings wandelt die Erzherzogin nicht als transparente Gestalt oder Schatten durch das Gebäude, sondern erscheint stets nur als Spiegelbild.

Eines davon hat Carolin Jerome, eine 27-jährige Designerin aus Italien, bei einer Besichtigung des Palais im Oktober 2003 gesehen.

»Während ich durch die sogenannten Prunkräume des Gebäudes schritt, ist mir zunächst nichts Ungewöhnliches aufgefallen, doch im Audienzzimmer stellte ich fest, dass meine Lippen relativ trocken waren, was ich überhaupt nicht leiden kann. Ich zog den Schminkspiegel aus der Tasche, klappte ihn auf und griff dann nach dem Lipgloss. Als ich einen Blick auf meinen Mund warf, sah ich hinter mir eine etwa 30-jährige Frau in einem roten Kleid, das üppig mit weißen

Die Albertina ist Ausstellungsort einer der bedeutendsten grafischen Sammlungen weltweit.

Rüschen besetzt war, vorbeischreiten. Ihr brünettes, lockiges Haar war hochgesteckt und vorne durch einen Perlenreif aus der Stirn gehalten. Sie blickte über meine Schulter direkt in den Spiegel und lächelte mich freundlich an. Ich fuhr herum, um mir diese kostümierte Person anzusehen, doch es hielt sich niemand im Raum auf, der auch nur annähernd so aussah wie die Frau im Spiegel. Später habe ich das Gesicht auf einem der Bilder in einem anderen Zimmer wiedererkannt, es handelte sich um Henriette Alexandrine von Nassau-Weilburg.«

Aber auch ihr Gatte, Erzherzog Karl, der »Held von Aspern«, geistert nach wie vor in Wien herum, und zwar bevorzugt auf der Hauptallee im Prater.

Der Name der riesigen Grünfläche in den Donauauen tauchte erstmals Ende des 12. Jahrhunderts auf, als der Babenberger Herzog Friedrich I. von Österreich einen Teil des weitläufigen Areals Adelsleuten aus dem Geschlecht »de Prato« (italienisch für »Flussaue«) schenkte, deren Familienmitglieder sich später »Prater« nannten. Weitere Abschnitte besaßen der jeweilige Landesfürst, die Stadt Wien und einige geistliche Institute.

Nachdem sich der Prater in den folgenden Jahrhunderten im Besitz verschiedener Klöster, geistlicher Orden und Gemeinden befunden hatte, beschloss im Jahr 1564 Maximilian II., den Prater zur Jagd zu nutzen. Er ließ den kaiserlichen Forst durch Zäune begrenzen und 1569 für seine Jäger mehrere Häuschen »in einer Zeil« bauen – so entstand die Jägerzeile (heute die vom Donaukanal zum Praterstern führende Praterstraße). Maximilian wollte das Gelände keinesfalls mit der Öffentlichkeit teilen und wählte sorgfältig aus, wen er zum Aufenthalt in den Prater einlud.

Auch sein Sohn, Kaiser Rudolf II., tat 1592 kund: »Niemand soll in unserer Au, dem Prater, zur Sommer- oder Winterzeit gehen, fahren, reiten, hetzen, jagen oder fischen, ohne Willen des kaiserlichen Forstknechtes Hanns Bengel.«

Kaiser Karl VI. verhielt sich da schon etwas weniger abgehoben und lockerte zu Beginn des 18. Jahrhunderts das Verbot – nun durften zumindest Adelige Ausflüge in grünen Donauauen unternehmen. Eine kaiserliche Anordnung betonte die Exklusivität des Praters: *Niemandt alß waß Cavalliers und Dames* seien erwünscht. Allerdings wurde diesen nur erlaubt, in ihren Kutschen durchzurollen, das Aussteigen aus dem Gefährt war strengstens untersagt.

Erst Kaiser Joseph II. überließ Mitte des 18. Jahrhunderts einen Großteil des herrschaftlichen Jagdparks den Bürgern »zur Belustigung«, womit damals der Spaziergang gemeint war. In einer Verlautbarung stand, *daß niemanden bey solcher zu mehrerer Ergötzlichkeit des Publici allergnädigst verstattenden Freyheit sich gelusten lassen werde, eine Unfüglichkeit, oder sonstig unerlaubte Ausschweifungen zu unternehmen, und damit zu einem allerhöchsten Mißfallen Anlaß zu geben.*

Den Ausflüglern war es gestattet, bis Sonnenuntergang, und das auch nur im Sommer, durch den Prater zu spazieren, danach haben die herrschaftlichen Bediensteten ein Eisengitter um die Grünanlage aufgezogen. Die spätabendliche Schließung des Parks wurde durch drei Böllerschüsse angekündigt.

Der hintere Teil des Areals, wo die kaiserlichen Förster einst Rehe, Edel- und Damhirsche züchteten und sich Fuchs und Hase Gute Nacht sagten, blieb noch eine Zeit lang privates Reservat der Habsburger. Allerdings fanden sich dort häufig Liebespaare oder Duellanten ein, was dem Herrscher sehr missfiel.

Am 7. April 1766 baten seine Berater Joseph II., sich im Prater unters »gemeine« Volk zu mischen, worauf der Kaiser seufzend gesagt haben soll: »Wenn ich stets unter meinesgleichen herumwandeln wollte, dürfte ich nur in der kaiserlichen Gruft spazieren gehen.«

Im Jahr 1775 ließ der Regent dann die Umzäunung niederreißen und erlaubte den Bürgern damit den Zugang zum Prater zu jeder Jahres-, Tages- und Nachtzeit. 1787 wurden in der Anlage bereits die ersten Kaffeehäuser eröffnet. Die Angestellten dieser Lokale halfen damals nicht selten bei der Anbahnung sexueller Geschäfte, die zwischen Freier und Prostituierten häufig gleich danach in den Büschen zum Abschluss gebracht wurden.

Nicht umsonst verglich der Dichter Johann Wolfgang von Goethe (1749–1832) diesen in seinem Werk »Faust« mit der Walpurgisnacht.

Die Hauptallee des Praters wurde bereits in 16. Jahrhundert als Kastanienallee angelegt – es handelte sich dabei um die Kutschenpromenade zum Lusthaus, das Kaiser Maximilian II. an deren Ende erbauen ließ.

Im Jahr 1824 wird in der Niederschrift »Die Leopoldsstadt bey Wien« von Leopold Matthias Weschel berichtet, dass der Prater 2 500 Klafter lang sei und über 82 Hütten mit Ausschank, Schaukeln, Ringelspielen, »mechanischen Künsten«, Brotverkauf, Billard, Kegelstätten, Vogelschießen, optischen Vorstellungen und Lebzeltereien verfügte … *und am Schlusse der Hauptallee befindet sich das Lusthaus mit einem Traiteur* (franz. Gastronomiebetrieb). *Die Fahrt zum Lusthaus sowohl, als die Aussicht von demselben ist sehr angenehm.*

Nach der Öffnung des Praters für die Bevölkerung wurde das Lusthaus in den Jahren 1781 bis 1783 unter Kaiser Joseph II. neu erbaut.

Seit Bestehen dieses Gebäudes haben die Menschen dort ausgiebig und feudal gefeiert – die Regenten samt herrschaftlich ebenbürtigem Anhang im ersten Stock, die Erzherzöge, Prinzen und deren adelige Freunde im Erdgeschoss. Auch nach der Schlacht von Aspern wurde ein großes Fest anlässlich des Siegs über Napoleon im Lusthaus, das einige Tage zuvor auch zum Schauplatz eines Kampfes geworden war, veranstaltet. An einer langen, reich gedeckten Tafel saßen neben dem Anführer, Karl von Österreich-Teschen, seine Kampfgenossen und Kumpanen. Bis in den anbrechenden Tag hinein haben die Männer in dieser Mainacht des Jahres 1809 gegessen, getrunken, gesungen und gelacht. Es muss einer der glücklichsten Tage im Leben des jungen Erzherzogs gewesen sein.

Offenbar war diese Emotion sehr stark, da sie an dem Ort weiterlebt. Denn immer wieder schildern Spaziergänger oder Jogger Begebenheiten, die sich stets im Frühjahr ereignen und sich sehr stark ähneln:

»Es ist früh am Morgen und eine leichte Milchigkeit verschleiert die frische Luft. Auf dem Weg zum Lusthaus ist eine Gruppe von lachenden und grölenden Männern zu sehen, die einen Sieg feiern und dabei ein Marschlied singen. Es weht der Geruch von Pulverdampf aus der Ferne herüber und zwischendurch ist das Klirren von aufeinanderschlagenden Säbeln zu hören. Doch sobald sich der Morgendunst lichtet, verschwinden die Männer, als hätte es sich dabei um Nebelgestalten gehandelt, die sich im Sonnenlicht auflösen.«

Bittere Tränen! Marie Louise oder Marie Antoinette?

Kaiser Franz II. wollte die Erlaubnis zur Verehelichung seiner Tochter Maria Luise (1791–1847) mit Napoleon Bonaparte zunächst nicht erteilen, da ihm bewusst war, dass seine Lieblingstochter damit zum Opfer seiner politischen Ambitionen wurde. Doch schon bald hatte ihn sein diplomatischer Berater und Leiter der Außenpolitik, Klemens Wenzel Lothar Fürst von Metternich, von den taktischen Vorteilen dieser Heirat überzeugt, sodass der Regent nicht mehr länger zögerte. Immerhin erwartete er sich von dieser Verbindung den endgültigen Frieden mit dem ehemaligen Feind. Für den »Franzosenkaiser« wiederum stellte die Ehe mit der Erzherzogin die Legitimation seines Kaiserreichs dar, außerdem wollte er nach der kinderlos gebliebenen Verbindung mit seiner Gemahlin Joséphine dringend einen Nachkommen und die Habsburger-Frauen galten als besonders fruchtbar. Maria Luise war noch dazu sehr hübsch und gelehrig, wenngleich auch ein wenig naiv und unselbstständig.

Metternich beruhigte das schlechte Gewissen des stets fürsorglichen Vaters mit den Worten: »Kann man zwischen dem Untergang einer ganzen Monarchie und dem persönlichen Unglück einer Prinzessin wählen?« Mit dieser Suggestivfrage dürften die letzten Zweifel vom kaiserlichen Schreibtisch gefegt worden sein.

Kaum war Napoleon 1809 aus der Schlacht bei Wagram als Sieger hervorgegangen (zweite Besetzung Wiens durch die Franzosen), nachdem er zuerst bei Aspern eine Niederlage hatte einstecken müssen, diktierte er den »Frieden von Schönbrunn« und nahm den Habsburgern die Hälfte ihrer Erblande. Nur wenige Monate später reiste er mit dem Versprechen in die Heimat zurück, Maria Luise ehelichen zu dürfen.

Obwohl das Mädchen die Ehe mit dem französischen Kaiser als »eine schlimmere Qual als alle nur denkbaren Martyrien« empfand, musste sie sich der Staatsräson beugen und in die von Fürst Metternich eingefädelte Ehe mit dem »Antichrist« einwilligen. Sie bemühte sich, in der Öffentlichkeit ein fröhliches Gesicht aufzusetzen, vor allem in der Gegenwart des am Wiener Hof anwesenden französischen Gesandten und Vertrauten von Napoleon, Graf Otto, der ihr mitgeteilt hatte, dass sein Herr eine heitere Gattin bevorzuge, die nicht *kopfhängerisch veranlagt* sei. Die Tochter von Franz II. verabscheute Napoleon jedoch zutiefst, da dieser ihren geliebten Vater mehrfach militärisch gedemütigt und zur Flucht aus Schloss Schönbrunn gezwungen hatte.

In der »Neuen Freien Presse« schilderte der Historiker Joseph Alexander Freiherr von Helfert in einem Feuilleton am 12. Jänner 1873, womit die Erzherzogin als Kind gespielt hatte: *Es wurden kleine Soldaten aus Holz oder Wachs aufgestellte; der Abscheulichste davon war der Bonaparte; ihn trafen die erbittertsten Streiche und Nadelstiche, die heftigsten Verwünschungen seiner kindischen Angreifer.*

In ihrer Abneigung bestärkt wurde sie von ihrer Großmutter mütterlicherseits, Maria Karoline, einer Tochter von Kaiser Franz I. Stephan und Maria Theresia, die von den Truppen des Franzosenkaisers vom neapolitanischen Thron vertrieben worden war. Als sie erfuhr, dass ihre Enkelin mit dem Widersacher verheiratet werden sollte, bezeichnete sie sich als *des Teufels Großmutter.*

Maria Luise hatte darüber hinaus ihr Herz an einen anderen Mann verloren – an Erzherzog Franz von Modena-Este, einen Bruder ihrer Stiefmutter Maria Ludovika. Doch diese Liebe blieb unerfüllt. Franz II. soll zu der romantischen Schwärmerei seiner Tochter gesagt haben: »Er hat nichts, du hast nichts und ich habe auch nichts mehr – was soll das für eine Mariage geben?«

Bereits im März 1810 fand in der Wiener Augustinerkirche eine Ferntrauung zwischen der 18-jährigen Erzherzogin Maria Luise, aus der nun Marie Louise wurde, mit dem um 21 Jahre älteren Napoleon statt, der vor dem Priester von Erzherzog Karl vertreten wurde – von dem Mann, der Napoleon in der Schlacht von Aspern besiegt hatte und nun tatenlos mitansehen musste, wie man seine Nichte mit dem »französischen Schurken« verheiratete. Jeder Anwesende konnte diese freudlose Zeremonie nur als große Demütigung empfinden und hoffen, dass es die letzte sein würde, die Napoleon dem österreichischen Herrscherhaus zufügte.

Im März 1810 machte sich Marie Louise mit einem prächtigen Brautzug auf den Weg nach Frankreich. In einem Brief, den sie auf der langen Fahrt verfasste, schrieb sie an ihren Vater: *Ich versichere Sie bester Papa daß ich recht traurig bin und mich nicht trösten kann.*

Napoleon, der alte Romantiker, ließ seiner blutjungen Braut auf ihrer Reise kleine Geschenke und Liebespost überbringen und ritt ihr, als sie mit ihrem Tross nach 14 Tagen endlich nahte, spontan entgegen, um sie zu überraschen.

Die offizielle Hochzeit wurde rund zwei Wochen nach der Ankunft der frischgebackenen Kaiserin in Frankreich in der Kapelle des Louvre in Paris geschlossen. »Die wirklich außerordentliche Menge an Diamanten und Perlen, der Reichtum der Kleider und der Uniformen, die unendliche Zahl von Lüstern, die alle Teile des Palastes erleuchteten, und die Freude der Anwesenden verliehen diesem Fest einen Glanz, der des großen und majestätischen Anlasses würdig war«, berichtete ein Zeitzeuge.

Kurze Zeit später wurde dem Brautpaar zu Ehren von Feldmarschall Karl Philipp Fürst von Schwarzenberg, der sich zu dieser Zeit als Botschafter am kaiserlichen Hof in Paris aufhielt, ein Fest im Hotel Montesson mit weit über 1 000 Gästen ausgerichtet. Im Ballsaal aus Holz, der eigens für diese Feier errichtet worden war, gerieten jedoch schon nach kurzer Zeit einige Behänge in Brand und Minuten später stand der ganze Raum in Flammen. Mehrere Menschen fanden in der Feuersbrunst den Tod.

Johann Konrad Friederich, ein Augenzeuge des Unglücks, schrieb später in seinem Buch »Vierzig Jahre aus dem Leben eines Todten«: *... so habe ich die Ueberzeugung, daß dieses Feuer geflissentlich angezündet wurde, denn nur zu deutlich nahm ich wahr, daß die Flammen an drei bis vier Orten zugleich emporschlugen und zwar an ganz entgegensetzten Winkeln, und es war sehr leicht die Draperien an einer oder der anderen Stelle unbemerkt anzuzünden, während Jedermann seine Augen auf die zuerst auflodernde Flamme gerichtet hatte. Eine Verschwörung war es nicht, aber ich habe die moralische Ueberzeugung*

In der Augustinerkirche, in der Marie Antoinette und Marie Louise an ungeliebte Männer verheiratet wurden, kann man traurige Schluchzer aus dem Jenseits hören.

und wollte darauf schwören, daß der Vorfall dem Haß gegen Maria Louise und gegen diese Heirath seinen Ursprung zu verdanken hatte.

Trotz erheblicher Startschwierigkeiten war Marie Louise schon bald angetan von ihrem aufmerksamen und in der Liebe erfahrenen Gatten und blühte unter der Fürsorge des Kaisers sichtlich auf. Obwohl ihr das französische Volk nicht besonders wohlgesonnen war, stand es doch auf der Seite der ersten Frau Napoleons, der »edlen Joséphine«.

Schon einige Jahre nach der Hochzeit musste die junge Kaiserin, die von dem Historiker Joseph Alexander Freiherr von Helfert als unbeholfen, verlegen und befangen geschildert wird, jedoch hinnehmen, dass ihr Gatte sie betrog. Helfert schreibt in einer seiner Abhandlungen, dass Napoleon, *nachdem einmal die Honigmonde des neuen Ehestandes vorüber waren, seiner zweiten Frau ebensowenig unverbrüchlich treu war, als er seiner ersten gewesen.*

Und dann schlug das Schicksal erneut erbarmungslos zu: Napoleon musste 1814 abdanken und Marie Louise floh mit ihrem Sohn Napoleon Franz (auch Napoleon II.), in Frankreich »L'Aiglon« (der kleine Adler) genannt, nach Wien. Dort wurde sie von ihrem Vater im Schloss Schönbrunn einquartiert. Damit Marie Louise ihrem Gatten nicht doch noch in die Verbannung folgte, wie ursprünglich geplant, unterschlug Kaiser Franz II. die Liebesbriefe, die Napoleon nach Wien schickte. Er setzte den notorischen Schwerenöter Adam Albert von Neipperg auf seine Tochter an, der sie erfolgreich umgarnte und mit dem sie 1815 als Herzogin nach Parma in Italien zog und noch drei Kinder bekam. 1834 heiratete sie ein drittes Mal, den Grafen Charles René de Bombelles, Oberhofmeister und Minister am Hof von Parma.

Ihr Sohn Napoleon Franz war beim Großvater in Wien geblieben, wo er im Alter von nur 21 Jahren im Napoleonzimmer von Schloss Schönbrunn, in dem sein Vater während seiner Besetzungen der österreichischen Hauptstadt 1805 und 1809 nächtigte, an Tuberkulose verstarb.

Obwohl das Leben der einst so verzweifelten Kaisertochter eine glückliche Wendung nahm, weist es in den Anfängen verblüffende Parallelen zu dem ihrer Großtante Marie Antoinette (1755–1793) auf. Es handelte sich dabei um eine Tochter von Kaiser Franz I. Stephan und Maria Theresia, die knapp zwei Jahre nach Marie Louises Geburt während der Französischen Revolution ihren Kopf unter der Guillotine verlor. Die Königin hatte nicht zuletzt aufgrund ihrer angeblichen Verstrickungen in die mysteriöse »Halsbandaffäre« in den Jahren 1785/86, einen Betrugsskandal am Pariser Herrscherhof, das französische Volk endgültig gegen sich und war einige Jahre später wegen Hochverrat und Unzucht zum Tode verurteilt worden.

Schon die Geburt von Maria Antonia (die französische Version ihres Namens erhielt sie, ebenso wie Marie Louise, erst bei ihrer Hochzeit), die weit länger dauerte als die ihrer Geschwister, stand unter keinem guten Stern. Zeitzeugen haben das schwere Erdbeben in Lissabon, das fast zur selben Zeit stattfand und zahlreiche Menschenleben forderte, als schlechtes Omen für den weiteren Lebensweg der Erzherzogin gedeutet.

Im Sinne der habsburgischen Heiratspolitik, die Maria Theresia und ihr Minister Wenzel Anton Graf Kaunitz verfolgten und die in erster Linie Vermählungen zwischen Mitgliedern ihrer Familie und Bourbonen (französisches Adelsgeschlecht, das in Frankreich, Spanien, Italien und Luxemburg herrschte) vorsah, musste nach anderen Töchtern der Kaiserin nun auch Maria Antonia eine solche Verbindung eingehen. Sie kam an die Reihe, nachdem Johanna Gabriela und Maria Josepha an den im Land grassierenden Pocken verstorben waren und König Ferdinand I. von Bourbon-Sizilien, der sich zuerst mit der einen, dann mit der anderen verlobt hatte, mit der nächstfolgenden Schwester, Maria Karolina, verheiratet wurde.

Der Auserwählte für Maria Antonia hieß Ludwig XVI., dessen Großvater im Jahr 1769 diese Heirat mit einfädelte, und so wurde noch im selben Jahr damit begonnen, die erst 14-jährige Erzherzogin auf ihre Aufgabe vorzubereiten. Ihre Mutter stellte einen Französischlehrer ein und beschäftigte einen zusätzlichen Erzieher, der ihr helfen sollte, das stets unruhige, konzentrationsschwache und oft launenhafte Mädchen zu bändigen.

Im April 1770 fand in der Augustinerkirche die Ferntrauung zwischen Maria Antonia und ihrem nur um ein Jahr älteren französischen Bräutigam statt, dessen Stelle Marias älterer Bruder Erzherzog Ferdinand Karl Anton einnahm. Zwei Tage später verabschiedete sich das weinende Kind von ihren Eltern und trat mit einem imponierenden Prunkzug seine Reise in die neue Heimat an. Maria Theresia tröstete ihre weinende Tochter mit den Worten: »Seien Sie gut zu dem französischen Volk, damit man sagen kann, ich hätte ihm einen Engel geschickt.«

Auf dieser Fahrt schrieb Marie Antoinette in einem Brief an ihre Schwester Marie Christine: *Ich bin in Thränen gebadet, ich habe sie nur getrocknet, um unserer guten Mutter zu schreiben …, warum sollte ich sie betrüben? Was würde sie sagen, wenn sie wüßte, ich sei eher geneigt wieder umzukehren, als in die Verbannung zu gehen? … Grausames Geschick der Töchter des Thrones, welche sich nur an den äußersten Enden der Welt verheirathen können.*

Am 24. Mai hieß es in einem Schreiben an Marie Christine: *Ich halte mich, so gut ich vermag, und lasse mit mir thun; lästig ist mir nur, daß alle Welt mich wie ein seltenes Thier betrachtet und nicht aus den Augen läßt.*

Die Hochzeit in Frankreich wurde am 16. Mai desselben Jahres gefeiert. Am 30. Mai folgte ein riesiges Fest für das Brautpaar auf der Place Louis Quinze (heute Place de la Concorde) mit Musik und guten Speisen auf Staatskosten. Beim Zünden des Feuerwerks brach jedoch eine Massenpanik aus, wobei 139 Menschen zu Tode getrampelt wurden. 23 Jahre später hat man an dieser Stelle den Leichnam der Königin nach ihrer Enthauptung in einem Massengrab verscharrt.

Marie Antoinette schrieb am 2. Juni an ihre Mutter: … *die Menge war so groß, daß schreckliche Unglücksfälle vorgekommen und Hunderte von Menschen erdrückt sind. Wir verlangen fortgesetzte Berichte, aber ich fürchte, man sagt uns nicht Alles; wir werden viel zu thun haben, um dieses schreckliche Unglück vergessen zu lassen …*

In ihren ersten Ehejahren stand Marie Antoinette vor allem unter dem Einfluss ihrer drei unverheirateten Tanten Adélaide, Victoire und Sophie, die das gutmütige Mädchen insgeheim als Persona non grata betrachteten und für diverse Intrigen missbrauchten. Doch die Kronprinzessin fand bald Freunde im Kreis der adeligen jungen Leute von Paris, wandte sich von der missgünstigen Verwandtschaft ab und begann, das Geld mit vollen Händen auszugeben – unter anderem beim Glücksspiel. Da ein Großteil der Franzosen hungerte, trug diese

Verschwendung nicht gerade zur Beliebtheit Marie Antoinettes bei. Am 11. Juni 1774 bestiegen Ludwig XVI. und seine Gattin dennoch den Königsthron.

Am 19. Dezember 1778 kam endlich das erste, vom Volk lang ersehnte, Kind zur Welt – zur allgemeinen Enttäuschung kein männlicher Erbe, sondern ein Mädchen, das Marie Thérèse Charlotte getauft wurde.

Marie Antoinette schrieb Ende Dezember in einem Brief an ihre Mutter, die zwei Jahre später verstarb: *Ich habe ihm keinen Dauphin* (Kronprinz) *geschenkt, aber die arme Kleine, welche gekommen ist, wird mir nichtsdestoweniger theuer sein; ein Sohn hätte mir nicht gehört, sie wird immer bei mir sein ...*

Später folgten drei weitere Kinder, die jedoch nicht älter als ein paar Jahre wurden, sowie zwei Fehlgeburten.

Die Österreicher gaben für die späte Mutterschaft der Königin »dem Franzosen« die Schuld. So soll etwa Joseph II. über seinen Schwager geschrieben haben: *Peitschen müsste man ihn, damit er aus Wut ejakuliert, wie es die Esel tun.* Und seinem Bruder Leopold berichtete er: *Beim Geschlechtsakt kommt es zwar zur Vereinigung, doch dann verweilt der grüne Junge dort ein paar Minuten, ohne sich zu bewegen, zieht sich aus Maries Schoß zurück und wünscht eine gute Nacht.* Woher er das wusste, bleibt wohl eines der zahlreichen Familiengeheimnisse der Habsburger.

Auf der anderen Seite unterstellten die Franzosen, allen voran der jüngere Bruder des Königs, der Graf der Provence, Marie Antoinette, zahlreiche Affären zu haben und bei einer Schwangerschaft abzutreiben, um das Leben weiter in vollen Zügen genießen zu können. Verwunderlich wäre es nicht gewesen, verfügte der korpulente Ludwig, der noch dazu unter Minderwertigkeitskomplexen litt, doch über keinerlei körperliche Reize.

Alles wurde aufgeboten, um Marie Antoinette der Nation verhaßt zu machen, heißt es in der »Neuen Freien Presse« vom 6. November 1867. Und weiter: *So lange der alte König lebte, duldete und weinte Maria Antoinette, statt sich zu wehren, doch als Königin rächte sie sich für ihre Verletzungen, welche sie erlitten hatte, und gab die Streiche doppelt und dreifach zurück, die ihr von ihren Gegnern versetzt worden waren.*

Als die Habsburgerin allerdings kurz nach der Halsbandaffäre bei einem Theaterbesuch vom Publikum ausgebuht wurde, änderte sie ihren Lebensstil, gab nicht mehr so viel Geld aus und benahm sich würdevoller – aber diese Einsicht kam zu spät.

1789 begann die Französische Revolution und Marie Antoinette schrieb an ihren Bruder Joseph: *Die Schreckensscenen, deren Zeugen wir gewesen sind und über welche Du sicherlich nur zu wohl unterrichtet bist, haben mein Herz zerfleischt und über den Schmerz, den ich fühle, kann ich nur schweigen.*

In der Nacht vom 20. auf den 21. Juni 1791 unternahm die Königsfamilie einen Fluchtversuch, der jedoch scheiterte, da Ludwig XVI. in Varennes von Jean Baptist Drouet, Postmeister zu St. Menehould, erkannt und verhaftet wurde.

Interessant in diesem Zusammenhang ist eine Prophezeiung von Nostradamus (1503–1566), in der steht:

Nachts werden durch die Pforte der Königin zwei Ehegatten auf einen Irrweg kommen, die Königin, der weiße Edelstein. Der König in Grau gekleidet. Sie werden in Varennes ankommen. Der erwählte Capetinger (französischer König) *wird zum Auslöser für Sturm, Feuer, Blut, Guillotine.*

Die »Gazette Nationale« berichtete einen Monat später (Ausgabe vom 14. Juli 1791), dass die Flucht gelungen wäre, hätte die Familie, wie ursprünglich geplant, einen anderen Weg eingeschlagen, Marie Antoinette ein weißes Kleid trug und der König ganz in Grau gekleidet war.

Am 21. Januar 1793 wurde Ludwig XVI. nach einem Schauprozess hingerichtet und am 1. August 1793 Marie Antoinette ins Gefängnis überstellt, wo sie die Geschworenen am 14. Oktober 1793 zum Tode verurteilten. Bereits zwei Tage später haben französische Staatsdiener die Habsburgerin um 12 Uhr Mittag auf dem Schafott enthauptet und auf dem heutigen Place de la Concorde verscharrt. Mehr als zwanzig Jahre nach ihrem Tod wurde ihr Leichnam exhumiert, wobei ein Strumpfband bei der Identifizierung half, und in der Basilika Saint-Denis in Paris im Königsgrab an der Seite ihres Gatten beigesetzt.

Jedenfalls haben die Schicksale beider Habsburgerinnen, deren Leben sich auf faszinierende Weise glichen, in der Augustinerkirche begonnen.

Das Gotteshaus wurde 1327 von dem Babenberger Herzog Friedrich, »dem Schönen«, gestiftet, 1349 geweiht und war kaiserliche Hofpfarre von 1634 bis 1918. Sie ist Teil des Albertinatraktes der Hofburg.

Einer urbanen Legende zufolge hat es in der Augustinerkirche schon im Jahr 1945 gespukt, als ein Geist verhinderte, dass sie durch russische Besatzungssoldaten geplündert wurde. Er sorgte dafür, dass die Orgel ganz von alleine zu spielen begann, woraufhin die Männer ohne Beute Reißaus nahmen.

Heute soll in diesem Gotteshaus, das haben zumindest verschiedene Ohrenzeugen berichtet, hin und wieder das herzzerreißende Schluchzen einer unsichtbaren Person zu hören sein. Und diesem Phänomen wollte das Medium Isabella Ambichl-Fischhof auf den Grund gehen. Sie wusste als Wienerin natürlich darüber Bescheid, dass es sich bei dem Bau um die Hochzeitskirche zahlreicher Habsburger handelt und sich dort in einer Gruft die Herzen der Mitglieder dieser Familie befinden. Das Medium wurde jedoch nicht auf einzelne Personen aufmerksam gemacht, sondern nur gebeten, herauszufinden, wer in der Augustinerkirche so bitterlich weint.

»Ich habe mich etwa zwei Stunden in der Kirche aufgehalten und dort auf telepathischer Ebene eine Befragung durchgeführt. Fast augenblicklich geantwortet hat mir Marie Antoinette, die sich lautstark darüber beklagte, dass ›ihr Hals offen sei‹. Sie erzählte mir von ›großer Schmach‹ und ›gar grausamer Ungerechtigkeit‹, die ihr widerfahren und bis in alle Ewigkeit nicht ›auszumerzen‹ sei. Zuerst die ›Anbiederei an den Franzosen‹, danach die Hinrichtung – sie hätte ›so viel brennenden Hass in sich und werde darum niemals aufhören, Tränen über diese entsetzliche Qual, die sie erdulden musste, zu vergießen‹. Ich habe versucht, sie davon zu überzeugen, ihren Frieden mit der Vergangenheit und den Geschehnissen zu machen und den Feinden und Peinigern zu verzeihen. Marie Antoinette hat geantwortet, dass das ›für eine stolze Frau wie sie nicht infrage komme‹. Auch ein Zeremoniell, das seelisch verletzten Spukgestalten helfen soll zu vergeben, hat nicht geholfen, sie hat mir immer eine blutende Wunde gezeigt und dabei auf ihr Herz und dann auf ihren Hals gedeutet. Und das Wort ›Schmerz‹ blitzte ständig auf, und zwar in Verbindung mit großer Wut. Damit hatte ich nicht gerechnet, war ich doch aufgrund der Berichte über ein Schluchzen eher auf Trauer und Verzweiflung eingestellt gewesen. Dann hat Marie Antoinette plötzlich gesagt, sie müsse gehen – und weg war sie. Kurz darauf hab ich das Weinen gehört und daher gewusst, dass sie sich nur zurückgezogen und den Kontakt zu mir abgebrochen hat, aber gar nicht daran denkt, aus der Kirche zu verschwinden.«

Marie Antoinette dürfte darüber hinaus auch noch für einen Spuk in Frankreich verantwortlich sein, wie zwei Engländerinnen um die Jahrhundertwende berichteten.

Charlotte Moberly und Eleanor Jourdain waren im Rahmen einer Besichtigung von Schloss Versailles am Nachmittag des 10. August 1901 auf dem Weg zum »Petit Trianon«, den einstigen privaten Gemächern von Marie Antoinette. Doch die beiden Frauen verliefen sich und befanden sich mit einem Mal auf einem dunklen Pfad, als sich ihr Umfeld veränderte und ihnen Menschen begegneten, die eindeutig aus einer früheren Zeit stammten. Die Engländerinnen waren in die Vergangenheit gereist und verweilten dort eine Weile, bevor sie wieder in die Gegenwart zurückgelangten. Es heißt, Marie Antoinette löse aus dem Jenseits heraus dieses Phänomen aus, wenn sie selbst als Geist vor Ort sei.

Wo weiland Ihre Majestät Kaiserin Elisabeth weite Umschau hielt

Wie Gräberfunde belegen, existierte im 2. Jahrhundert v. Chr. auf dem Leopoldsberg, der die östlichste Erhebung des Kahlengebirges darstellt und aufgrund seiner Position als Abschluss der Alpen auch »Nordkap« genannt wird, eine Keltensiedlung.

Viele Jahrhunderte später wurde auf der Anhöhe die »Burg Kallenberg« errichtet, von der es in einer Legende heißt, dass diese um 1130 dem Babenberger Markgrafen Leopold III. (heiliger Leopold) und seiner Gemahlin Agnes als Residenz diente. Tatsächlich lebten in der 1248 erstmals als »castrum« erwähnten Festung die Babenberger Herzoginnen Theodora und Gertrud, Mutter und Nichte des 1246 gefallenen letzten Babenbergers Friedrich II.

Die ursprüngliche Struktur dieser Anlage mit mauerbewehrter Hauptburg und Vorwerk ist trotz zahlreicher Zerstörungen und baulicher Eingriffe noch heute zu erkennen.

Mitte des 13. Jahrhunderts bewohnte Ottokar II. Přemysl den Bau, danach fiel er an die Habsburger, die sich teilweise über längere Zeit dort aufhielten. 1287 flüchtete Albrecht I. vor den aufständischen Wienern auf die Burg am Leopoldsberg. Als Herzog Albrecht III. im 14. Jahrhundert damit begann, Schloss Laxenburg auszubauen, geriet die damals als »Bergschloss« bezeichnete Festung in Vergessenheit und verfiel zusehends. Zusätzlich schwer beschädigt wurde sie im Zuge der Auseinandersetzungen zwischen Kaiser Friedrich III. und Herzog Albrecht VI. im Jahr 1462. Einige Jahre später gehörte die Anlage zum Besitz von Matthias Corvinus, dem Eroberer weiter Teile der habsburgischen Erblande, die er von 1485 bis 1490 von Wien aus beherrschte. Nach seinem Tod fiel die Burg an die Habsburger zurück, die im Zuge der Ersten Türkenbelagerung im Jahr 1529 entweder gesprengt oder in Brand gesetzt wurde, um sie für den herannahenden Feind als Stützpunkt zu entwerten und unbewohnbar zu machen.

Ihre wehrtechnische Funktion hat die Burg dennoch nie ganz eingebüßt und sie gehörte zu jenen Plätzen im Wiener Raum, wo man im 16. und 17. Jahrhundert die sogenannten »Kreidfeuer« zu Signalzwecken entzündet hat. Mit den hoch auflodernden Flammen auf den Anhöhen wurde vor heranrückenden Feinden gewarnt. Darüber hinaus boten die Mauerreste damals dem »fahrenden Volk« Unterschlupf in so manch kalter Nacht.

Ab 1677 ist in alten Dokumenten bereits von *Arbeith zu dem Gebäu auf dem oeden Schloß Am Kalten Berg* die Rede.

1679 hat Kaiser Leopold I. eine Kapelle auf dem Bergplateau aufstellen lassen, die Kosten werden in einer alten Abrechnung als Ausgaben für Handwerksdienste *bey dem k. k. geheimen Kammern Zoll Amt befindliche Schloß Capelln Gebäu* angegeben. Die Wahl des Standortes begründete sich auf der Annahme des Herrschers, dass der heilige Leopold früher tatsächlich in der »Burg Kallenberg« gelebt hätte. Etwa zur selben Zeit muss auch die erste Erneuerungs-Bautätigkeit am »Öden Schloss« erfolgt sein.

1683 fiel ein Entsatzheer unter der Führung des polnischen Königs Sobieski vom 425 Meter hohen Leopoldsberg her in die Stadt ein und beendete die Zweite Wiener Türkenbelagerung unter Befehlshaber Kara Mustafa. Nach der Befreiung ließ Leopold I. die zuvor zerstörte Kapelle neu aufbauen und dem heiligen Leopold III. weihen, woraufhin der Berg den Namen Leopoldsberg erhielt (zuvor hieß er Kahlenberg und der heutige Kahlenberg trug aufgrund der Anwesenheit vieler Wildschweine ursprünglich den Namen »Sauberg«, ab 1629 Josefsberg – der Name »Kahlenberg« wurde nach der Kirchweihe auf den Nachbarn übertragen, der eben seitdem Kahlenberg heißt). Außerdem hat man um 1690 mit der Errichtung eines Schlosses auf den Resten der Burg begonnen. 1717 ließ Kaiser Karl VI. eine Försterei anbauen und die Kapelle vergrößern. Eine Kostenaufstellung aus dem Jahr 1723 für Stein- und Ziegelfuhren auf den *Gallenberg St. Leopoldis* zeugt von weiterer Bautätigkeit.

1787 hat man nach dem Verkauf des Areals an das Stift Klosterneuburg unter Joseph II. die letzten Reste der mittelalterlichen Burg abgetragen, die *Capelln* geschlossen und zur selben Zeit in einem Gebäudeteil ein Gasthaus und Personalwohnungen eingerichtet.

1794 mietete sich der belgische Feldmarschall, Literat, Schöngeist, Freimaurer, Naturschwärmer, Gartenexperte und eloquente Mittelpunkt der höchsten Gesellschaftskreise, Fürst Charles Joseph de Ligne, in eines der Häuser innerhalb der Burgmauern ein, wo er bis zu seinem Tod 1814 wohnte und in dieser Zeit auch einen vom Kahlenbergerdorf auf die Berghöhe führenden jahrhundertealten Jagdsteig zu einem Weg ausbauen ließ – den Nasenweg, der nach dem Steilhang, der »Nase«, des Leopoldsbergs benannt ist. An die vom Fürsten mit »eiserner Hand« gefertigte Zeichnung des geplanten Wanderpfads erinnert noch heute die Eisernenhandgasse. Außerdem ließ der Fürst dort auch einen Tiergarten mit Wildbestand anlegen.

Wie feudal der Fürst am Leopoldsberg gewohnt hat, beweist auch ein Eintrag des Chronisten des Stifts Klosterneuburg, der eigentlich ein Unwetter beschreibt. Er berichtet, dass ein Blitz das Kupferdach der Kirche zwar gestreift, aber nicht in Brand gesetzt hat, im Gegensatz zum türkischen Schlafzimmer des Fürsten, der sich auch ein gotisches und ein ägyptisches Zimmer hatte einrichten lassen.

In den 1790er-Jahren wurde die Kirche auf dem Bergplateau auf Wunsch von Kaiser Franz II. wieder instand gesetzt und 1798 neuerlich geweiht.

Unmittelbar nach dem Ableben Lignes zog Johann I. Fürst von und zu Liechtenstein in das Schloss ein, der die Räume teilweise neugotisch umgestalten und an der Nordwest-Seite eine Aussichtsterrasse anlegen ließ. Der Pachtvertrag zwischen seinen Söhnen und dem Stift Klosterneuburg endete im Jahr 1842.

1891 brannte das Gebäude ab, wurde aber sofort wieder neu aufgebaut, auch die Gastronomie hielt neuerlich Einzug. Zu dieser Zeit war die Gegend bei Wanderern sehr beliebt und das Lokal rege frequentiert.

In diese Gegend machte Kaiserin Elisabeth von Österreich (1837–1898) besonders gern Ausflüge. Sie unternahm gerne lange Wanderungen, weil sie in der Natur ihre Ängste vergessen und erfolgreich gegen ihre depressiven Verstimmungen ankämpfen konnte.

Am Leopoldsberg erkundete sie stundenlang die einzigartige Flora und Fauna (etwa auf der heutigen Wanderroute Nasenweg) und genoss als krönenden Abschluss den Blick über die Dächer von Wien. Aus diesem Grund brachte der Verein der Lehrerinnen in Korneuburg an der nördlichen Außenwand der Leopoldskirche eine Gedenktafel an, welche die Inschrift trägt: *Weiland Ihre Majestät die Kaiserin und Königin Elisabeth hat im Mai des Jahres 1896 von diesem Platze aus weite Umschau gehalten.*

Sisi hielt sich vielleicht auch deshalb besonders gerne in dieser Region auf, weil dort früher besonders häufig Selbstmorde und andere tragische Ereignisse stattgefunden hatten und die Geister der Toten auf dem »verfluchten Boden« zwischen Leopoldsberg und Kahlenberg gewiss nicht zur Ruhe kommen – eine Atmosphäre, die der Kaiserin zugesagt haben dürfte.

Hier einige Meldungen aus der »Neuen Freien Presse«, die über einige der zahlreichen Unglücksfälle berichteten:

August 1871: *Die polizeiliche Commission unter dem Bezirksleiter und Polizeirathe Gabriel, welche sich heute Vormittags in den Kahlenberger Wald verfügte, fand auf dem Weg von Grinzing nach dem Kahlenbergerdörfel einen unbekannten Mann an einem Baume erhenkt auf. Der Selbstmörder dürfte bei vierzig Jahre alt sein, war elegant gekleidet und trug Glacé-Handschuhe. Da die Leiche sich schon im zweiten Grade der Verwesung befand, so ist der Selbstmord bereits vor mehreren Tagen ausgeführt worden.*

Juli 1878: *Oberhalb des Wächterhauses Nr. 7 im Kahlenbergerdorfe wurde am 28. d. Nachmittags eine sehr stark verweste menschliche Leiche, welcher Kopf, Arme und ein Fuß fehlten, aus dem Donaustrom gezogen. Der starken Verwesung halber konnte man das Geschlecht der verunglückten Person bisher nicht bestimmen.*

Juli 1894: *Von der »Nase« des Leopoldsberges ist gestern Abends nach 11 Uhr ein Mann aus geringer Höhe abgestürzt und wurde schwer verletzt mit einer Gehirnerschütterung, Hautabschürfungen im Gesichte und Contusionen des Vorderarmes auf dem Serpentinenwege aufgefun-*

den. Derselbe dürfte in der Dunkelheit den Weg verfehlt haben. Er soll Albin Holzschuch heißen und Laternen-Anzünder sein.

April 1897: *Am 7. d. M. wurde an einer unwegsamen Stelle des Leopoldsberges unterhalb des Restaurations-Gebäudes der Leichnam eines Mannes aufgefunden, der in einem Gesträuche hing. Die von dem Commissariate Döbling sogleich entsendete Commission erhob, dass die Leiche sich im Zustande mumienhafter Vertrocknung befand und dass die von den Kleidungsstücken nicht geschützten Glieder durch Vögel und Insecten vielfach skelettirt waren. ... Die Commission stellte fest, dass sich der Mann zuerst mit einem Rasirmesser die Pulsadern durchschnitten und sich dann erhenkt hat.*

Juli 1910: *Auf dem Kahlenberge jagte sich heute um Mitternacht ein ungefähr 30 jähriger, dem Mittelstande angehöriger Mann aus einem sechsläufigen Revolver eine Kugel in die linke Schläfengegend. Die telephonisch requirirte Freiwillige Rettungsgesellschaft fand den jungen Mann bereits tot vor. Bei dem Selbstmörder fand man eine Uhr mit dem Monogramm A. S.*

März 1914: *Auf grässliche Weise hat heute abend ein junger Bursche in der Stadtbahnstation Kahlenbergerdorf unter den Rädern eines Zuges seinen Tod gefunden. ... Die Räder hatten ihm beide Beine abgefahren. ... Er atmete noch, und ein Arzt, der in der Station war, bemühte sich um den Sterbenden. Man berief auch die Rettungsgesellschaft, doch ehe die Ambulanz erschien, hatte er ausgerungen.*

Gegipfelt hat die Unglücksserie in einem Flugzeugabsturz, der sich im Oktober 1955 ereignete und bei dem eine Maschine im dichten Nebel mit dem Leopoldsberg kollidierte. Es kamen dabei sieben Menschen ums Leben.

Die Bewohner der Gegend haben damals hinter vorgehaltener Hand gemunkelt, dass für die in der Region nicht enden wollenden tragischen Ereignisse eine geheimnisvolle, rastlos umherwandernde Spukerscheinung in Gestalt Kaiserin Elisabeths verantwortlich sei – sie soll »die Leut in den Irrsinn treiben«. Sie ist angeblich bei der

Burg, auf dem Nasenweg und in der Nähe des Kahlenbergerdorfs unterwegs und wurde dort mehrfach von Spaziergängern und Wanderern gesichtet.

In den letzten Jahren haben junge Leuten, die auf dem Leopoldsberg Feste feierten, mehrfach von Lichtern und Lärm in der versperrten und nicht zugänglichen Ruine berichtet, obwohl kein Gastronomiebetrieb mehr dort ansässig ist und niemand das Bauwerk bewohnt.

Die modernen »Hexen« aus der Stadt scheinen, wie einst Kaiserin Elisabeth, die starken jenseitigen Energien ebenfalls zu spüren, da man sie hin und wieder in Vollmondnächten vor der Burg im Schein von Kerzenflammen, die gespenstisch über die alten Mauern zucken, tanzen sieht.

Und auch Thomas L., ein 43-jähriger Lehrer aus Wien, erzählt von einem seltsamen Erlebnis, das er im Herbst 2012 mit seinem Hund Lauri nahe der ehemaligen Habsburgerfestung hatte.

»Ich bin mit meiner Schäferhündin in der Nähe der Burg gewandert, als Lauri plötzlich ihr Nackenhaar gesträubt, den Schwanz eingezogen und leise gewinselt hat und zu mir hergelaufen kam, wobei sie ständig über die Schulter zurückblickte auf die Stelle, auf die sie vorher am Boden schnuppernd zugelaufen war. Sie drückte ihren Körper an mein Bein und zitterte leicht. Ich konnte jedoch nichts Verdächtiges sehen und ermunterte Lauri, weiterzugehen, doch sie blieb neben mir stehen und bewegte sich keinen Millimeter mehr vorwärts. Ich schaute mich um, blickte sogar hinter ein Gebüsch, um festzustellen, was meinen Hund so verstörte, konnte aber nichts entdecken. Gerade als ich weitergehen wollte und zu Lauri ›Jetzt komm schon, du Feigling‹, sagte, sah ich irgendetwas an uns vorbeizischen, so als würde man sich am DVD-Player eine Szene im Schnellvorlauf ansehen. Mein Hund begann sofort hysterisch zu kläffen, ich hörte an der Tonlage, dass er fürchterliche Angst hatte.

Aber was genau hatte ich gesehen? Eine menschliche Gestalt, auch wenn ich mir die Geschwindigkeit, in der sie an uns vorbeigelaufen war, nicht erklären konnte. Doch da sich mein Hund relativ schnell wieder beruhigte, beschloss ich, die Sache auf sich beruhen zu lassen und nicht mehr darüber nachzudenken. Wir gingen weiter und haben auch nichts Seltsames mehr erlebt.

Nach der Wanderung besuchten Lauri und ich einen Freund von mir im Kahlenbergerdorf. Der hat mir dann von den vielen Unglücksfällen in früherer Zeit und einigen mysteriösen Vorkommnissen in der Gegend berichtet. Unter anderem gestand er mir, dass er einmal am Nasenweg Kaiserin Elisabeth begegnet war. ›Sie war schwarz-weiß, wie auf einem alten Foto, und sie ist zuerst gestanden und hat sich dabei so komisch eckig bewegt, total gruselig. Dann ist sie losgerannt, schneller als lebende Menschen laufen können, so wie du es auch erlebt hast‹, sagte er. Drei Tage nach der Sichtung dieses paranormalen Phänomens war seine Großmutter gestorben.

Nun gut, bei uns in der Familie leben noch alle und ich hoffe, das bleibt so.«

Die Rache der weißen Gams

Erzherzog Franz Ferdinand (1863–1914) war der Sohn von Erzherzog Karl Ludwig von Österreich, einem Bruder von Kaiser Franz Joseph I., und Prinzessin Maria Annunziata von Neapel-Sizilien. Seine Ermordung am 28. Juni 1914 in Sarajevo gilt als Auslöser der »Julikrise« (damit wird die Zuspitzung der Konfliktlage zwischen Frankreich, Österreich, Großbritannien, Russland, Preußen und Serbien bezeichnet), die letztlich zum Ersten Weltkrieg führte.

Über den Anschlag berichtete die »Wiener Abendpost« am 29. Juni 1914: *Auf das Trittbrett hatte sich Graf Harrach gestellt, um mit seiner Person den Herrn Erzherzog gegen eventuelle neue Überfälle zu schützen* (Kurz zuvor hatte eine kleine, schwach detonierende Bombe den Wagen, in dem sich der Franz Ferdinand befand, nur knapp verfehlt). *Der Herr Erzherzog-Thronfolger machte dem Grafen Harrach gegenüber eine scherzhafte Bemerkung. Bei dem Einbiegen in die Kaiser-Franz-Joseph-Gasse, wo das Automobil die Fahrt etwas verlangsamen mußte, fielen die zwei tödlichen Schüsse. Der Landeschef* (der österreichische General Oskar Potiorek) *hatte im ersten Augenblick den Eindruck, daß glücklicherweise wieder nichts geschehen sei, weil sowohl der Herr Erzherzog-Thronfolger als auch die Erzherzogin ruhig und aufrecht im Automobil saßen.*

Doch der Eindruck trog – Erzherzog Franz Ferdinand war in den Hals getroffen worden, seine Gattin von einer Kugel, die zuerst die Autotür durchschlagen hatte, in den Unterleib. Sophie rief: »Um Gottes Willen, was ist dir geschehen?« und sackte gleich darauf tot zusammen. Franz Ferdinand keuchte: »Sopherl, Sopherl, stirb mir nicht, bleib am Leben für unsere Kinder.« Als Franz Graf Harrach nachfragte, ob der Thronfolger Schmerzen habe, antwortete dieser: »Oh nein, es ist nichts.« Dann verlor er das Bewusstsein. Überliefert sind diese letzten Worte des Habsburgers aus einem Brief, den Graf Harrach seiner Frau schrieb, in dem er die Ereignisse jenes Tages ausführlich schilderte.

Während der Attentäter, Gavrilo Princip, verhaftet wurde, drehte der Wagen um und fuhr zu Potioreks Residenz. Dort verstarb der Thronfolger gegen elf Uhr vormittags innerhalb weniger Minuten.

Die erste Meldung von dem Verbrechen traf in Wien einige Minuten nach zwölf Uhr Mittag ein. Kaiser Franz Joseph erreichte die Nachricht in Bad Ischl, woraufhin er mit einem Sonderzug sofort zurück nach Wien reiste. Er soll erstaunlich gefasst gewesen sein und zu einem Vertrauten gesagt haben, dass man sich mit dem Vorfall abfinden müsse. Schließlich wären der Thronfolger und seine bestenfalls mittelmäßige Frau eine arge Verlegenheit für die Monarchie gewesen. »Der Allmächtige lässt sich nicht herausfordern«, wollen ihn Ohrenzeugen haben murmeln hören.

Das Attentat ereignete sich zwei Jahre vor der möglichen Krönung Franz Ferdinands zum Kaiser, denn nach dem Selbstmord seines Cousins Kronprinz Rudolf und dem Tod seines Vaters wäre Franz Ferdinand seinem Onkel, Franz Joseph I., auf den Thron gefolgt (auch wenn dieser davon wenig begeistert war, weil er seinen Neffen für grobschlächtig und ungebildet hielt, vor allem im Vergleich zu seinem feinsinnigen, hochbegabten und klugen Sohn Rudolf). Im »Sarajevo-Saal« des Heeresgeschichtlichen Museums hängt sogar ein – als Teil von vorbereitenden Maßnahmen in Auftrag gegebenes – Ölgemälde, das Franz Ferdinand bereits als Kaiser zeigt. Es wurde nach dem Tod des Habsburgers zwar so übermalt, dass die Abbildung der realen Vergangenheit entsprach, in den 1960er-Jahren aber wieder in den ursprünglichen Zustand zurückversetzt. In diesem Raum befindet sich auch das Automobil, in dem Franz Ferdinand erschossen wurde, ebenso wie seine blutdurchtränkte Uniform.

Franz Ferdinand wurde bereits zu Lebzeiten auf seine Aufgabe vorbereitet – auch wenn es der Familie nicht gelang, ihn standesgemäß zu verheiraten. Er hatte sich in die Hofdame Sophie Chotek verliebt und nahm diese 1900 auch zur Frau (er musste dafür einem Thronverzicht für seine Nachkommen zustimmen).

Bereits vor seiner geplanten Thronbesteigung wirkte Franz Ferdinand aktiv an der Politik mit, spielte Kaiser und wartete ungeduldig auf das Ableben von Franz Joseph. Er residierte mit seinem Beraterstab, mit dem er militärische Pläne schmiedete und Strategien besprach, in einem prunkvoll ausgestatteten Arbeitszimmer im Schloss Belvedere, in dem er mit seiner Gattin und den gemeinsamen drei Kindern von 1899 bis 1914 auch wohnte. Er entwarf eine komplette Reorganisation des Reiches, wobei er darauf achtete, die Termine zum Regieren in Einklang mit jenen zum Jagen zu bringen.

In konservativen Wiener Kreisen wurden der Thronfolger und seine Vertrauten abfällig als »Belvedere-Bagage« bezeichnet. Sein offizielles Arbeitszimmer in der Hofburg nutzte der Erzherzog aufgrund des schlechten Verhältnisses zum Onkel so gut wie nie.

Franz Ferdinand galt als ehrgeiziger Perfektionist, bei dem alles um ihn großartig sein musste, damit er mit sich und der Umwelt zufrieden war. Darüber hinaus bescheinigten ihm Zeitgenossen einen herrischen, aufbrausenden Charakter, gepaart mit großer Willensstärke und Durchhaltevermögen. Dem gegenüber stand sein liebevolles Wesen als Familienmensch und Blumenliebhaber. Außerdem war Franz Ferdinand ein begeisterter Antiquitätensammler und kaufte Unmengen an antiken Möbeln und anderen alten Gegenständen, teilweise befand sich darunter auch Hehlerware. Geld besaß er genug, das hatte ihm sein Cousin, Franz V. Herzog von Modena aus der Habsburger Nebenlinie Österreich-Este, hinterlassen (mit der Bedingung, den Namen Este weiterzuführen) – was Franz Joseph ziemlich gestört haben soll, da er keine Macht mehr über den störrischen Neffen ausüben konnte.

Sein Tick, alles Alte als erhaltenswert zu betrachten, führte unter anderem auch dazu, dass er sich für die Erhaltung kunsthistorischer Denkmäler einsetzte und beispielsweise den Abriss des Theresianums verhinderte.

Sein manischer Eifer kam ganz besonders bei seiner größten, an Sucht grenzenden Leidenschaft zum Vorschein: bei der Jagd. Bereits mit neun Jahren erlegte der Habsburgerspross sein erstes Wild – im Laufe seines Lebens sollten ihm noch weitere 274 898 Tiere vor die Flinte laufen und seiner Schießwut zum Opfer fallen. Franz Ferdinand, der als einer der besten Schützen der Welt galt, jagte dabei allerdings nicht nur in seinen zahlreichen heimatlichen Revieren, sondern auch

Erzherzog Franz Ferdinand residierte im Schloss Belvedere, wo er seit seiner Ermordung in Sarajevo herumspukt.

in Afrika und erlegte dort unter anderem Löwen, Tiger und Elefanten. Auf dem Schiff »Kaiserin Elisabeth«, mit dem er 1892/93 eine Weltreise unternahm, soll er Bedauern darüber geäußert haben, dass er keine Möglichkeit habe, mit der Bordkanone Wale zu töten.

Seine persönliche Bestleistung stellten 2 763 geschossene Lachmöwen an einem einzigen Tag dar – Gehilfen luden bei dem Gemetzel seine Schnellschussgewehre nach und mussten die Kadaver zählen. Historiker bezeichnen seine »Leistung« auf diesem Gebiet als »feudale Massenschlächterei« und sind der Meinung, dass bei ihm die Menge an erlegten Tieren im Vordergrund stand, und nicht die Freude an der Pirsch.

Zahlreiche Trophäen seiner Opfer, von A wie Adler bis Z wie Zebra, befinden sich heute in seinem Schloss Konopiště südöstlich von Prag, wo an den Wänden der Korridore Hunderte Köpfe mit Federn, Schnäbeln, Schnauzen, Geweihen, Borsten und Hauern hängen. Ebenso lagern dort Kataloge, in welchen der Erzherzog feinsäuberlich seine

Erfolge als Waidmann notierte, sowie Fotos seiner Jagdreisen rund um die Welt, die ihn stets stolz neben seiner Beute stehend zeigen.

Doch dann, eines Tages, beging der Thronfolger einen großen Fehler – so scheint es zumindest. Gegen den Rat seiner Begleitung und allen Warnungen zum Trotz schoss Franz Ferdinand am 27. August 1913 im Salzburger Blühnbachtal eine weiße Gams, ein mythologisches Wesen, das unter dem Schutz von Naturgeistern stehen soll. Im Volksglauben heißt es, dass jeder, der nur zum Spaß ein solches Tier erlegt, innerhalb eines Jahres sterben wird und ebenso dessen liebste Person. Als Sophie, die ihn auf der Jagd begleitete, fragte, warum er so töricht sei, antwortete der Erzherzog: »Na, wenn man sterben muss, stirbt man sowieso.« Zwei Monate vor Ablauf der einjährigen Gnadenfrist fielen Franz Ferdinand und seine Ehefrau dem Attentat in Sarajevo zum Opfer.

Da man Sophie von Hohenberg wegen ihrer aus der Sicht des Kaisers nicht standesgemäßen Herkunft die Bestattung in der Kapuzinergruft verweigerte, hatte auch Franz Ferdinand schon zu Lebzeiten auf seinen dort für ihn vorgesehenen Platz verzichtet. Er wurde seinem Wunsch gemäß neben seiner Ehefrau in der Gruft der Familie Hohenberg im Schloss Artstetten im Bezirk Melk (Niederösterreich) beigesetzt. Die Trauerfeiern wurden vom Hof bewusst bescheiden gehalten, die Presse sprach von einem »Begräbnis III. Klasse«. Am Sockel des gemeinsamen Grabes befinden sich die Worte *Verbunden durch das Band der Ehe, vereint durch das gleiche Geschick.*

Auf den Thron folgte Franz Joseph I., statt wie geplant Franz Ferdinand, dessen Neffe Karl I., Sohn seines Bruders Erzherzog Otto und dessen Gattin Maria Josepha Luise von Sachsen, als letzter Kaiser von Österreich. Er wäre nach seinem Onkel ohnehin an der Reihe gewesen und wurde aufgrund der Umstände vorgezogen.

Der Tod des Thronfolgers wurde im selben Jahr, als er die weiße Gams schoss (die im Salzburger »Haus der Natur« ausgestellt ist), von einer französischen Seherin vorausgesagt. Madame de Thèbes prophezeite: *… Die Stunde naht, in der es zu offenen Feindschaften zwischen den Slawen und Germanen kommen wird. Der, welcher regieren sollte, wird nicht regieren, und ein junger Mann, welcher eigentlich nicht zu regieren bestimmt war, wird regieren.*

Darüber hinaus lag möglicherweise nicht nur auf dem Thronfolger ein Fluch, ausgesprochen von wütenden Naturgeistern, sondern auch auf dem Fahrzeug, in dem der Habsburger angeschossen wurde. Darauf deutet jedenfalls eine kohlrabenschwarze Geschichte hin, die seit damals kursiert, jedoch mit an Sicherheit grenzender Wahrscheinlichkeit ins Reich der Legenden zu verweisen ist.

»Nach Franz Ferdinand fuhr den Wagen kurz nach Kriegsbeginn Oskar Potiorek, der Mann, der Franz Ferdinand zuvor nach Sarajevo eingeladen hatte und während des Attentats direkt vor Erzherzogin Sophie saß. Er war im Amt verblieben, obwohl es hieß, dass er für die unzureichenden Sicherheitsmaßnahmen am Tag des Unglücks verantwortlich war. Als er dann jedoch auch noch eine herbe Niederlage durch die Serben erlitt, wurde er vom Kaiser entlassen. Diese Schmach hat er nie verwunden, verfiel zusehends und starb in geistiger Umnachtung. Als Nächstes ging das Auto in den Besitz eines Hauptmanns über, der damit in vier Monaten vier Unfälle hatte und bei einem davon seinen Arm verlor. Danach hat den Wagen ein Arzt erstanden, der sich damit überschlug und dabei im Fahrzeuginneren zerquetscht wurde. Daraufhin hat man das Auto dem griechischen Juwelier Simon Mantharides verkauft, der kurz darauf unter ungeklärten Umständen ums Leben kam. Allerdings befand sich zu dieser Zeit angeblich auch der Hope Diamant, der laut Sage ebenfalls Unglück heraufbeschwört (auch Marie Antoinette soll ihn getragen haben), in seinem Safe, wo ihn sein Freund und Inhaber des Steins, Pierre Cartier, vorübergehend aufbewahren ließ. Der folgende Wagenbesitzer war wieder ein Arzt, der das Unglücksfahrzeug rasch loswerden wollte, nachdem er von dessen ›teuflischem Charakter‹ erfahren hatte, und es einem Schweizer Rennfahrer verkaufte. Der verlor kurze Zeit später bei einem Rennen in den italienischen Alpen sein Leben. Der nächste Besitzer, ein serbischer Bauer, wurde von dem Unglücksauto überfahren, als es unvermutet ansprang, obwohl es zuvor nicht zünden wollte. Danach fiel es in die Hände von Tibor Hirschfeld, dem Inhaber einer Werkstatt. Er hatte mit fünf weiteren Menschen im Wagen auf der Rückkehr von einer Hochzeit einen Unfall, bei dem vier der Insassen ums Leben kamen – auch er selbst. Nach dem zehnten Opfer gelangte das Fahrzeug ins Heeresgeschichtliche Museum, wo es heute keinen Schaden mehr anrichten kann.«

(Historische) Tatsache ist allerdings, dass der 28/32-PS-starke Gräf & Stift mit dem Kennzeichen A III 118 zum Zeitpunkt des Attentats dem Grafen Franz Harrach gehörte, der es unmittelbar nach dem Vorfall in Sarajevo Kaiser Franz Joseph schenkte. Der ließ den Wagen im Juli 1914 nach Wien ins k. k. Arsenal überstellen.

Getötet wurde durch das Auto also niemand und doch birgt es ein Geheimnis, eine Art Omen: Liest man das Kennzeichen als A-11-11-18 und nimmt das A als Abkürzung für das englische Wort »armistice« (Gefechtsruhe oder -ende), erhalten wir das genaue Datum des Waffenstillstands nach dem Ersten Weltkrieg: 11. 11. 1918.

Ebenso verblüffend ist die Tatsache, dass Franz Ferdinand, der etwa 15 Minuten, nachdem bei seinem Besuch in Sarajevo die Bombe detoniert war, meinte: »Mir scheint, wir werden heut' noch ein paar Kugerln bekommen«, beim Einbiegen in die Kaiser-Franz-Joseph-Gasse erschossen wurde – als hätte ihn auch sein Onkel, der ihm seine unstandesgemäße Hochzeit nie verzieh, verflucht.

Der Attentäter, Gavrilo Princip, wurde zu 20 Jahren Festungshaft verurteilt und fristete danach sein Dasein in einer winzigen, feuchten und dunklen Zelle in der Kleinen Festung Theresienstadt (Tschechien). Bis 1916 war er ständig angekettet in Isolierhaft und durfte nicht einmal Verwandte als Besucher empfangen. Er verfiel gesundheitlich und versuchte sich mehrfach das Leben zu nehmen. Im März 1918 musste ihm wegen Knochenfraßes die rechte Hand abgenommen werden.

Pathetisch schrieb darüber der »Wienerwald-Bote« am 23. März: *Seitdem diese rechte Hand dem Leben eines kräftigen Mannes die kleine tötliche Wunde schlug, seitdem haben sich unendlich viele rechte Hände zum Morde erhoben … Gavrilo Princip, das Geschick hat auch deine rechte Hand erreicht und ewig wird dich der Stumpf an deiner Rechten daran erinnern, dass sich jede Schuld auf Erden rächt! Deine rechte Hand, mit der du einst deine Kinder und Enkel hättest segnen sollen, ward zur Mörderhand und dann siech, bis sie endlich als ein faules Stück vom Leib geschnitten werden mußte.*

Der Attentäter von Sarajevo verstarb an den Folgen der Amputation im April 1918 im Gefängnislazarett. In seiner Zelle fand man nach seinem Tod folgende Zeilen, die er mit einem Löffelstiel in die Wand geritzt hatte: *Unsere Geister schleichen durch Wien und raunen durch die Paläste und lassen die Herren erzittern.*

Auch Erzherzog Franz Ferdinand, der unbarmherzige Jäger, schleicht offenbar nach wie vor durch Wien und raunt durch den »Palast« Belvedere.

Das Gebäude war nach dem Tod von Prinz Eugen von Savoyen im Jahr 1736 an das portugiesische Kaiserhaus gelangt und 1752 von Maria Anna Viktoria an Maria Theresia verkauft worden. Als im Jahr 1780 ihr Sohn, Joseph II., die Regentschaft in Österreich übernahm, wurde die Anlage der Öffentlichkeit zugänglich gemacht.

Von 1895 bis zu seinem Tod ein Jahr später lebte der Komponist Anton Bruckner in einer Wohnung im Belvedere.

1903 begann mit der Unterbringung der »Modernen Galerie«, seit 1909 die »Österreichische Staatsgalerie«, eine durchgehende Nutzung des Unteren Belvederes als Museum, die nach dem Ersten Weltkrieg auch auf das Obere Belvedere ausgeweitet wurde.

Der Spuk von Erzherzog Franz Ferdinand im Oberen Belvedere, in dem er mit seiner Familie 15 Jahre lang gewohnt hat, ist womöglich der unhöflichen Reaktion der Wiener Bevölkerung zu verdanken, die bei der Nachricht von seinem Ableben wenig Bedauern zeigte. *In der Stadt herrscht keine Trauerstimmung, im Prater … überall Musik!*, notierte der Abgeordnete Josef Redlich seine Eindrücke kurz nach dem Attentat. Der österreichische Dramatiker Arthur Schnitzler schrieb später in seinemTagebuch, wie schnell die erste Erschütterung der Morde nachgelassen habe, gelindert von der Erinnerung an die »ungeheure Unbeliebtheit« des Erzherzogs.

Was die 46-jährige Hausfrau Lena W. im Sommer 2008 mit dem rüden Ex-Thronfolger erlebt hat, schrieb Sie in einem Brief an ihre Mutter nieder:

»Gestern Nachmittag habe ich mit Maria ein Schauspiel im Oberen Belvedere besucht – ›Der Abschiedsmonolog des Thronfolgers‹- Und dann, stell dir vor, hab ich plötzlich einen lauten Knall gehört ... es klang wie ein Schuss. Mich hätte fast der Schlag getroffen. Maria saß mit völlig ungerührter Miene neben mir und war überhaupt nicht erschrocken. Auch die anderen Leute haben nicht reagiert, doch ich dachte mir nur: Na toll, jetzt ist mein Trommelfell geplatzt. Noch bevor ich panisch werden konnte, torkelte plötzlich ein blutbefleckter Typ, der laut schimpfte, durch den Raum. Er trug eine Uniform mit einigen Orden an der Brust und sah mit seinem kantigen Gesicht und dem buschigen Schnauzer tatsächlich aus wie Thronfolger Franz Ferdinand. Zuerst dachte ich natürlich, die Gestalt gehöre zum Stück, und machte mir weiter Sorgen um mein Gehör, das aber, von einem ganz leisen Summen abgesehen, intakt zu sein schien. Da taumelte der blutende Mann auf einen Darsteller zu und fiel gleich darauf praktisch auf ihn – dann war er weg, als wäre er nie da gewesen. Niemand reagierte, niemand schien das gesehen zu haben. Ich konnte mich auch nicht bewegen und blieb stocksteif bis zum Ende der Vorstellung sitzen. Sicherheitshalber habe ich danach Maria gefragt, ob sie einen Knall gehört und den Thronfolger gesehen habe, was sie verneinte – wobei sie mich ansah, als müsse sie sich Sorgen um mich machen. Mir ist also ein Geist begegnet, Mama, das erste Mal in meinem Leben. Und das, obwohl ich dich immer belächelt habe, wenn du gesagt hast, dass es viel mehr gibt, als wir Menschen zu wissen glauben und mit unseren Sinnen erkennen können ...«

Neben Franz Ferdinand spuken in dieser Gegend auch noch andere Geister. Und Renate Wallhofer, eine »Ur-Wienerin«, wie sie sich selbst bezeichnet, kennt sie alle.

Zumeist begegnen ihr beim Belvedere die toten Gestalten von Geistlichen oder adeligen Damen, doch auch ein Habsburger schwankt von Zeit zu Zeit über das Trottoir: Immer, wenn Renate Wallhofer den Eingang zum Alpengarten am Landstraßer Gürtel passiert, trifft sie auf Erzherzog Johann. Er hat die Gebirgsblumensammlung 1803 mit seinen Brüdern in Schönbrunn angelegt, 1865 wurde sie in den Park des Belvederes übersiedelt. Es handelt sich dabei um den ältesten Alpengarten Europas mit zahlreichen historisch wertvollen montanen Pflanzen.

Renate Wallhofer sieht Erzherzog Johann dort öfter hineinspazieren, ganz entspannt mit den Händen locker am Rücken verschränkt. Da es sich beim Alpengarten um eines seiner Lieblingsprojekte gehandelt hat, sieht er hier offenbar hin und wieder nach dem Rechten.

Nieder-
österreich

Streitende Frauen und ein schlichtender Kronprinz

Das Grundstück, auf dem in Mayerling heute das Karmel (Kloster des Ordens der Karmeliten und Karmelitinnen) steht, gehörte im 12. Jahrhundert vermutlich zum Besitz der Herren von Murlingen und ab 1550 dem Stift Heiligenkreuz.

Im Jahr 1886 erwarb der einzige Sohn von Kaiser Franz Joseph I. und Elisabeth, Kronprinz Rudolf, das Land und die darauf befindlichen Gebäude. Um bei den Jagdausflügen rund um Alland ein eigenes Quartier zur Verfügung zu haben, ließ der Thronfolger dort für sich und seine Gäste ein Schloss bauen.

Im Herrscherhaus wurde unter Kaiser Franz Joseph die Jagd als beliebtes Freizeitvergnügen gepflegt – Rudolf erlegte bereits im Alter von acht Jahren seinen ersten Hirschen. Da der junge Mann wenig Freude dabei empfand, Tiere zu erlegen, und dies nur aus Traditionsgründen und dem Vater zuliebe tat, unternahm er von Schloss Mayerling aus nur insgesamt zehn Jagdausflüge.

Nach dem Ableben des Kronprinzen 1889 wurde auf Veranlassung des trauernden Vaters noch im selben Jahr mit dem Umbau zu einem neoklassizistischen Frauenkloster begonnen. Eine großzügige Stiftung sollte garantieren, dass die künftig in dem Gebäude lebenden Schwestern des Ordens der Unbeschuhten Karmelitinnen (deren Name sich vom heiligen Berg Karmel, übersetzt »Weingarten Gottes«, in Israel ableitet) regelmäßig für Rudolfs Seelenheil beteten. Der untröstliche Kaiser gab Anweisung, dass an der Stelle des Sterbezimmers seines Sohnes die Kirche des Klosters zu errichten sei und sich der Hochaltar genau auf dem Platz befinden solle, wo einst das Bett stand, in dem Kronprinz Rudolf tot aufgefunden wurde.

Das ehemalige Jagdschloss, erweitert um einige weitere Räume wie Chor, Sakristei und Pfortenbereich inklusive Sprechzimmer, wurde als »Karmelitinnenkloster St. Josef« offiziell am 20. Dezember 1890 fertiggestellt, die Nonnen waren jedoch bereits im Herbst 1889 eingezogen, als das Kloster in Anwesenheit des Kaisers geweiht wurde.

Einige Jahre später hielt die spirituell veranlagte Zita, Gattin von Kaiser Karl I., die schon in Schloss Hetzendorf spukhafte Erlebnisse hatte, in ihren Aufzeichnungen fest: *Doch kaum wohnten die Frauen in dem Haus, nahmen sie auch schon die ersten Störungen wahr. Eine alte, schwere Eichentüre im Refektorium wurde in der Nacht, wenn niemand mehr unterwegs war, laut polternd zugeschlagen. Und eiliges Laufen und Stampfen ließ die Klosterfrauen oft aus ihrem ohnehin kurzen Schlaf aufschrecken. Auf Bitten der Schwestern wurde das Kloster exorziert, woraufhin auch wirklich Ruhe eintrat. Nur leise, bescheidene Klopflaute waren geblieben, die die Frauen an Gebete für den Kronprinzen erinnerten. … Pater Andlau hat mir diese Geschichte erzählt. Er war oft draußen in Mayerling gewesen und hatte mit den Klosterfrauen über den Teufelsspuk und über den bittenden Kronprinzen gesprochen, an deren Erlebnissen er niemals zweifelte.*

Zita behauptete auch stets, dass unter allen verstorbenen Habsburgern Kronprinz Rudolf sich am häufigsten »wiedermelde«.

Das Kloster bestand weiter, bis im Jahr 1940 Mitglieder der NSDAP innerhalb eines Tages die Ordensschwestern vertrieben und das Kloster aufließen. Das Gelände und die Gebäude wurden zunächst von den Nationalsozialisten, später vom Roten Kreuz genutzt. Nach dem Ende des Zweiten Weltkriegs nahmen die Karmelitinnen aus Baumgarten und Graz das Leben in dem schwer beschädigten Kloster erneut auf und bemühten sich, die historische Stätte wieder instand zu setzen und zu erhalten. Zum Teil gelang das mit Spenden aus der Bevölkerung, zum Teil mit Einnahmen aus den Führungen durch das Gebäude, in dem sich die »Tragödie von Mayerling« ereignete. Der unter dieser Bezeichnung in die Geschichtsbücher eingegangene Vorfall bezeichnet den Tod des Kronprinzen Rudolf und seiner Geliebten Mary Vetsera in seinem Jagdschloss in der Nacht zum 30. Jänner 1889.

Dieses Unglück stellte nicht nur das Ende seines unglücklichen Lebens dar, sondern auch den Höhepunkt einer sich bereits im Vorfeld anbahnenden und letztlich zuspitzenden Katastrophe.

Rudolf war einerseits von Anfang an einem hohen Erwartungsdruck ausgesetzt, da das Land nach der Revolution von 1848 und der verlorenen Schlacht von Solferino 1859 finanziell ausgeblutet und desillusioniert war. Alle Hoffnungen konzentrierten sich »auf das durchlauchtigste Kind«, das schon bald ein marodes Riesenreich, die Donaumonarchie, wieder auf Vordermann bringen sollte. Auf der anderen Seite geriet er schon sehr früh zwischen die Fronten des ungerührt wirkenden, autoritären Vaters, für den das Wohl des Reiches an erster Stelle stand, und der seelisch labilen, egozentrischen Mutter, die sich kaum für ihren Sohn interessierte und größtenteils abwesend war.

Der kleine Kronprinz war sehr sensibel, klug und wissbegierig und verabscheute Gewalt und Waffen. Dennoch wurde der stets etwas kränkliche Junge auf Wunsch des Vaters bereits im Alter von fünf Jahren häufig mit einem Kaltwasserguss oder Pistolenschüssen geweckt und musste danach unter Aufsicht seines strengen Erziehers zum Abhärten stundenlang in Regen und Kälte exerzieren – damit aus dem »Krepierl« später einmal ein strammer Soldat werden sollte. Erst als Rudolf im Alter von sechs Jahren aus Protest die Nahrungsaufnahme verweigerte, veranlasste der Kaiser das Ende dieser militanten Ausbildung und befürwortete Sisis Forderung nach einem »normalen« Pädagogen. Als der Drill, der »ihren Sohn beinahe zum Trottel machte« endlich ein Ende hatte, wandte sich Elisabeth gleichgültig von ihrem Sohn ab und ihren eigenen Interessen zu. Einzug in die Hofburg hielt der Erzieher Joseph Graf Latour von Thurmburg, der den Jungen in seinen naturwissenschaftlichen Interessen und den daraus resultierenden Talenten förderte. Rudolf war ihm dafür unendlich dankbar und nannte ihn freundschaftlich »mein liebes Alterle«. Als Rudolf 18 Jahre wurde, endete der Unterricht bei seinem vom bürgerlichen Liberalismus geprägten Lehrer, ein anschließendes Studium wurde ihm vom Vater allerdings als »unstandesgemäß« verboten. Noch vor dem Militärdienst, den er zu leisten hatte, unternahm der Thronfolger zahlreiche Reisen und ging dabei seiner Leidenschaft, der Ornithologie, nach. In dieser Zeit wurde der gut aussehende und von den Frauen umschwärmte junge Mann vom Lebemann Carl Graf Bombelles, genannt »Charly«, unter die Fittiche genommen. Er ebnete

Wo einst Kronprinz Rudolf durch eigene oder fremde Hand ums Leben kam, steht heute der Altar eines Klosters im ehemaligen Jagdschloss Mayerling.

dem jungen Thronfolger diskret die Wege zu zwischenmenschlichen Vergnügungen ohne Verpflichtungen – obwohl sich der freche Prinz offenbar bereits im Alter von 14 Jahren die Hörner bei den Dirnen der Vorstadt abgestoßen und sein Taschengeld dafür geopfert hatte. So notierte etwa Franz Ferdinand, der das Geld seines um fünf Jahre älteren Cousins offenbar für andere Dinge ausgeben wollte, als Knabe in seinem Tagebuch: *300 Gulden pfutsch, 500 Gulden pfutsch! Alles Gute nicht möglich, wegen verschiedenen Verhältnissen.*

Rudolf, der sich den Reformkaiser Joseph II. zum Vorbild genommen hatte, beschäftigte sich zu dieser Zeit auch mit liberaler Politik, die überhaupt nicht mit dem altmodischen Regierungsstil Franz Josephs übereinstimmte. Der Kaiser, dem die Gedanken und Visionen seines Sohnes suspekt waren, hielt ihn daraufhin von allen wichtigen Positionen fern. Um sich dennoch öffentlich äußern und seine Meinung kundtun zu können, ohne dabei seinem Vater in den Rücken zu fallen, verfasste Rudolf zahlreiche anonyme politische Abhandlungen. Die Hauptfeinde des Thronfolgers und Ziele diverser verbaler Attacken waren der Adel und die Kirche. Seinem Freund und Vertrauten Moritz Szeps, dem Herausgeber der Zeitung »Neues Wiener Tagblatt«, schrieb er einmal: *Möge es mir beschieden sein, wenigstens die Hälfte meiner Pläne durchzuführen, dann kann ich beruhigt einstens vom Schauplatz verschwinden ...*

Zu dieser Zeit begann es am Wiener Hof bereits zu gären. Die ersten konservativen Stimmen wurden laut, die forderten, den Thronfolger vor weiteren »verderblichen Einflüssen« zu schützen, da er ansonsten zur Gefahr für das Land werde.

1878 zog Rudolf nach Prag, wo er im Infanterieregiment Nummer 36 seinen Militärdienst leistete. In den tschechischen Wäldern ging er auch seinem liebsten Hobby, der Ornithologie, nach.

So sehr der Kronprinz die vornehme Gesellschaft der Monarchie verachtete, so tief war seine Bewunderung für kluge wissenschaftliche Köpfe. Besondere Achtung empfand er vor dem knapp 30 Jahre älteren deutschen Zoologen Alfred Brehm, der Rudolf zu jener Zeit fast täglich auf der Prager Burg besuchte. Pfeife rauchend, mit ausgebeulten Jacken und stets ein ausgestopftes Tier sowie bündelweise lose Blätter Papier unter dem Arm, ging dieser in den herrschaftlichen

Privatgemächern ein und aus – sehr zum Ärger des stets aufgeregten Haushofmeisters, der sich um die Sicherheit des Thronfolgers sorgte, den Brehm jedoch keines Blickes würdigte.

Für die Höflinge galt der etwas rüde auftretende Forscher als »wandelnder Skandal«. Brehm war für seine aufbrausende Art bekannt und führte auch seine wissenschaftlichen Debatten mit dem künftigen Kaiser ohne Rücksicht auf Rang und Stand. Rudolf, von der Unterwürfigkeit der Menschen in seiner Umgebung ohnehin angewidert, ließ dem väterlichen Freund jede Grobheit durchgehen und unternahm gemeinsam mit ihm sogar einige Forschungsreisen. Der Wissenschaftler schätzte den jungen Weggefährten ebenfalls sehr und nahm dessen »ornithologische Notizen« in seinem bis heute berühmten Werk »Brehms Tierleben« auf. Rudolf hätte stolzer nicht sein können, auch wenn er bescheiden und wie so häufig voller Selbstzweifel äußerte, dass er das gar nicht verdient hätte.

1881 heiratete der Thronfolger auf Druck des Kaisers die 16-jährige Tochter des belgischen Königs Leopold II., Prinzessin Stefanie. Es handelte sich dabei um seine Tante zweiten Grades, da ihre Mutter eine Habsburgerin war.

An seinen promiskuitiven Gepflogenheiten änderte sich allerdings auch in der Folgezeit nicht sehr viel – schon bei der Brautwerbung in Brüssel befand sich angeblich eine von Rudolfs Geliebten in seiner Gefolgschaft, es soll sich um eine Schauspielerin am Badener Theater gehandelt haben. Die Hochzeit fand am 10. Mai 1881 in der Wiener Augustinerkirche statt.

In diese Ehe wurden große Hoffnungen gesetzt, wie etwa das »Linzer Volksblatt« in seiner Ausgabe an diesem Tag mit folgendem Vers pathetisch zum Ausdruck brachte: *Hohe Liebe! Röthe den Ost, Dass er hell in Flammen erglüh': Rudolph führet Stephanie Rings vom Völkerjubel umtost Zu der Liebe grünem Altar. Heil sei dir habsburgischer Aar!*

Der Kronprinz bemühte sich anfangs um Harmonie in der Ehe, die letztlich jedoch an den unterschiedlichen Interessen und Erwartungen scheiterte: Stephanie lebte sehr standesbewusst, liebte Repräsentation und zeremonielles Hofleben, ihr Gatte hingegen kannte keine Standesdünkel und fühlte sich in einfachen Vorstadtlokalen in ungezwungener Atmosphäre unter *größtentheils recht langweiligen Menschen* am wohlsten.

Noch vor der Geburt der gemeinsamen Tochter Elisabeth (die später als »rote Erzherzogin« in die Geschichte einging), bei der Rudolf – was für die damalige Zeit als außergewöhnlich galt – durchgehend anwesend war, kehrte das Paar nach Österreich zurück.

Am Wiener Hof entbrannte daraufhin der reinste »Zickenkrieg«, da die angestammten Adelsdamen Stephanie die Ehe mit Rudolf neideten, aber auch um ihren »freien Zugang« zum Bett des Kronprinzen fürchteten. Die Belgierin, häufig als »hässliches Entlein« bezeichnet, wurde mit bösem Tratsch bedacht und bei offiziellen Anlässen geschnitten, soweit es die Etikette eben erlaubte.

Erzherzogin Elisabeth Marie kam im Jahr 1883 zur Welt und blieb Rudolfs einziges offizielles Kind. Der Kronprinz hatte seine Gattin mit einer Geschlechtskrankheit infiziert, die daraufhin unfruchtbar geworden war. In der Folge nahm sie rasch an Gewicht zu, worauf Kaiserin Elisabeth sie »Trampeltier« nannte. Rudolf war zu diesem Zeitpunkt schon sehr schwermütig und bezeichnete im Jahr 1884 während einer Jagd Erzherzog Franz Ferdinand als künftigen Kaiser.

Bei öffentlichen Auftritten hielt er flammende Plädoyers für den Fortschritt, doch er spürte wohl, dass er auf verlorenem Posten kämpfte. Zu jener Zeit beklagte er sich bei seinem alten Erzieher Joseph Graf Latour von Thurmburg: *Ich sehe die schiefe Ebene, auf der wir abwärtsgleiten, ... kann aber in keiner Weise etwas tun.*

Rudolf wurde in der Folgezeit immer depressiver, verliebte sich 1886 aber noch einmal, und zwar in die 23-jährige Maria Kaspar, bekannt als »Mizzi« – eine Edelprostituierte, die als lebenslustiges, charmantes und unkompliziertes »Wiener Mädel« das Herz des Thronfolgers im Sturm erobert hatte. Mit ihr gemeinsam und in Begleitung des leidenschaftlichen Heurigensängers und Kunstpfeifers Josef Bratfisch (den er nach einem Auftritt mit dem Wiener Schrammelquartett auf Schloss Orth in Oberösterreich im November 1887 zu seinem Leibfiaker machte) zog er immer häufiger durch die kleinen Buschenschenken in und um Wien, feierte und sang mit den einfachen Leuten bis zum Morgengrauen – unter anderem im Gasthof »Zur güldenen Waldschnepfe«, damals eine »Hochburg« der Schrammeln, heute ein italienisches Restaurant (Dornbacher Straße 88). Mit diesem exzessiven Lebenswandel versuchte der Kronprinz immer wieder seine psychischen Probleme zu überdecken. Letztlich ohne Erfolg.

Eines von Rudolfs Lieblingsliedern war »Das hat ka Goethe gschrieb'n«, von ihm selbst »Das Lied von der blonden Theres« genannt, das er häufig in Momenten tiefer Schwermut hören wollte, gesungen beispielsweise vom Musiker Prof. Karl Udel (der sich in einem Interview in der »Pester Lloyd«, Ausgabe vom 31. Jänner 1914, daran erinnerte). Im Gegensatz zur »ernsten klassischen Musik«, der er nicht viel abgewinnen konnte, liebte der Kronprinz die heiteren Wienerlieder, in denen sich die Volksseele ausdrückte.

Eine weitere nicht unwichtige Protagonistin im Drama rund um den Thronfolger stellte Marie Alexandrine Freiin von Vetsera (1871–1889), genannt »Mary«, dar – ein junges Mädchen aus gutem Haus, das wie viele andere für den charmanten und gebildeten Rudolf schwärmte.

Nach einem ersten Kennenlernen beim Pferderennen in der Freudenau kam es zu einem intensiven Briefwechsel zwischen dem Mädchen und dem Kronprinzen. Bald darauf, vermutlich Anfang November 1888, fand das erste private Treffen zwischen der 17-jährigen Mary und Rudolf in der Hofburg statt, dem schon bald zahlreiche weitere Verabredungen folgen sollten.

Eine entscheidende Rolle bei den Begegnungen dieser beiden Menschen spielte Sisis Nichte und Vertraute Marie Louise von Larisch-Wallersee (1858–1940), eine der schillerndsten und zugleich tragischsten Figuren am Wiener Hof. Die Tochter von Herzog Ludwig in Bayern (Kaiserin Elisabeths Bruder) und der Schauspielerin Henriette Mendel ging als Erpresserin von Kaiser Franz Joseph in die Geschichte ein (sie ließ sich für ihr Schweigen über Familieninterna im Haus Habsburg fürstlich entlohnen) und gilt als Mitschuldige an der »Tragödie von Mayerling«. Nach dem Unglück wurde sie von Sisi höchstpersönlich vom Hof verbannt.

Marie Louise stieg bei ihren Aufenthalten in Wien im Grand Hotel ab und fädelte von dort aus die streng geheimen Treffen zwischen Mary und Kronprinz Rudolf ein. Sie ließ ihre Freundin unter einem

Vorwand zu sich rufen und bereitete sie auf ihre Schäferstündchen in der Hofburg vor – sie half ihr beim Schnüren des Mieders, Frisieren und Schminken. Und während vorne auf der Ringstraße Damen im Zobel promenierten und der »Monokel-Adel« im Café am Mokka nippte, fuhr Josef Bratfisch, seiner Leibesfülle wegen auch »Nockerl« genannt, mit der Kutsche am Hintereingang des Hotels vor. Gleich darauf schlüpfte eine aufgeregte Mary durch die Tür und kletterte ungesehen an Bord, um schon bald darauf in den Armen ihres Rudolfs zu liegen. Zu dieser Zeit dürfte auch das Aktporträt der jungen Frau entstanden sein, das heute in der Sammlung des Wiener Hofmobiliendepots zu sehen ist.

Das Unglück nahm seinen Lauf – ungebremst. Im Sommer 1888 bat Rudolf seine Geliebte und treue Freundin Mizzi Kaspar, sich mit ihm gemeinsam am Husarentempel in Mödling zu erschießen, *weil es seine Ehre fordere*, was sie ablehnte.

In großer Sorge meldete die Prostituierte die Suizidabsichten des Thronfolgers bei der Polizei, doch dort wurde sie nur belächelt und ihre Meldung nicht weitergeleitet. Ob dahinter bereits ein Plan steckte, kann nur vermutet werden.

Am 26. Jänner 1889 kündigte der Thronfolger an, am Dienstag, den 29. Jänner, nach Mayerling zu fahren, um dort auf Hochwildjagd zu gehen. Am selben Tag besuchte er seine wichtigsten Tierpräparatoren, das Atelier der Brüder Hodek, die ihm einen seiner Vögel mitgeben wollten. Doch der Kronprinz sagte: »Lassen Sie alles hier. Ich bin heute nur gekommen, um meine Adler noch einmal beisammen zu sehen.«

Am Sonntag, den 27. Jänner, trat Rudolf anlässlich des Geburtstages von Kaiser Wilhelm II., zu dessen Ehren in der deutschen Botschaft in Wien ein Empfang gegeben wurde, zum letzten Mal in der Öffentlichkeit auf. An dem Abend wurden zwei ebenfalls anwesende Gäste vom Kronprinzen zur Jagd in sein Schloss eingeladen.

Vom 27. auf den 28. Jänner besuchte Rudolf Mizzi Kaspar und brach am Morgen nach Mayerling auf. Der Polizeiagent Florian Meissner, der den Habsburger überwachte, notierte in seinem Protokoll: *Montag, den 28. 1. 1889 war E. R. bei Mizzi bis drei Uhr morgens, trank sehr viel Champagner und gab dem Hausmeister zehn Gulden Sperr-*

geld. Als er sich von Mizzi empfahl, machte er ganz gegen seine Gewohnheit ihr an der Stirne ein Kreuzzeichen.

Nach einem kurzen Nickerchen in seinem Schlafgemach in der Hofburg ging Rudolf gegen sieben Uhr in sein Arbeitszimmer, empfing seinen Freund Moritz Szeps und ließ sich das Resultat der französischen Wahlen vorlegen. Zu diesem Zeitpunkt stand bereits fest, dass er schon einen Tag früher nach Mayerling fahren wollte. Sein Personal befand sich bereits auf dem Weg zum Jagdschloss.

In Rudolfs Appartement wartete unterdessen Mary Vetsera, die von ihrer Freundin Marie Louise dorthin gebracht worden war. Der Kronprinz schleuste seine Geliebte gegen elf Uhr aus dem Haus und ließ sie vom Kutscher Bratfisch ins Lokal »Roter Stadl« in Breitenfurt bringen, während die Gräfin von Larisch-Wallersee ein paar Räume weiter vergeblich auf das Mädchen wartete, bis diese ihr vermeintliches Schäferstündchen beendet hatte (Maries Sohn, Heinrich Georg Maria Larisch von Moennich, verübte am 3. Juni 1909 in Neapel Selbstmord – angeblich nachdem ihm zugetragen worden war, welche Rolle seine Mutter bei der Tragödie in Mayerling gespielt hatte).

Zu Mittag sprang Kronprinz Rudolf gut gelaunt in einen Einspänner, den er selbst kutschierte – zuvor hatte er noch einen Brief und ein Telegramm erhalten, über deren Verfasser und Inhalt nie etwas bekannt wurde. Dann verließ er die Stadt, holte Mary um 13 Uhr vom Treffpunkt ab und fuhr mit ihr zum Jagdschloss, wo die beiden bei Einbruch der Dämmerung ankamen.

Am nächsten Tag empfing Rudolf noch die eingeladenen Jagdfreunde, Prinz Philipp von Sachsen-Coburg-Gotha, seinen Schwager, und Josef Graf Hoyos-Sprinzenstein, einen langjährigen Freund des Kronprinzen. Er schickte sie allerdings alleine hinaus in den Wienerwald, da er sich angeblich bei der schwierigen Fahrt von Wien nach Mayerling verkühlt hatte. Von der Anwesenheit Marys, die sich im Obergeschoss befand, ahnten die Herren offenbar nichts. Der Thronfolger soll dann, nachdem seine Bekannten zur Jagd aufgebrochen waren, Mary zurück nach Wien geschickt haben – nur die verliebte junge Frau wollte unbedingt bleiben und die Auserkorene sein, die mit ihm in den Tod ging.

Nach der Rückkehr seiner Gäste verkündete Rudolf, er wolle sich noch etwas schonen und eine weitere Nacht im Jagdschloss verbringen, woraufhin die beiden alleine abreisten.

Wie es dazu kam, dass am nächsten Tag zwei junge Menschen im Schlafzimmer des Kronprinzen erschossen nebeneinander im Bett lagen, ist bis heute unklar. Fest scheint nur zu stehen, dass Rudolf um 6 Uhr 30 dem Personal noch Anweisung gegeben hat, den Fiaker zu holen, und danach in sein Schlafzimmer zurückgekehrt ist. Gegen 8 Uhr, als Rudolf nicht erschien, um wie angekündigt die Heimfahrt anzutreten, haben Kammerdiener Johann Loschek und Kutscher Josef Bratfisch den von innen verschlossenen Raum aufgebrochen. Zu diesem Zeitpunkt dürfte Mary schon seit mehreren Stunden tot gewesen sein. Doch auch das Leben des Thronfolgers war zu Ende.

Ein Freund von Josef Bratfisch, der ebenso in jener Nacht anwesende Robert Leopold Hawlik, soll sofort Fotos von Rudolfs Leiche gemacht haben, die er der Geheimpolizei zur Verfügung stellen musste und die nie veröffentlicht wurden.

Rudolfs Leiche wurde über Baden nach Wien gebracht, in der Hofburg aufgebahrt (mit dickem Verband um den Kopf) und am 5. Februar 1889 in der Kapuzinergruft beigesetzt. Zuvor schrieb Franz Joseph noch folgende Zeilen an Katharina Schratt: *Heute wird mir noch eine schwere Aufgabe: den besten Sohn, den treusten Unterthan die letzte Ruhestätte zu geleiten. Der liebe Gott, vor dessen Wille und Gnade ich mich dankbar beuge, der mich bisher aufrecht erhalten hat, wird mir auch dazu die Kraft geben.* Am Sarg seines Sohnes brach der sonst so beherrschte Monarch dann jedoch zusammen.

Ein furchtbares, entsetzliches, niederschmetterndes Unglück hat sich ereignet. Kronprinz Rudolf, der Erbe des Throns, die Hoffnung der Dynastie und des Reiches, ist tot, schrieb die »Neue Freie Presse« im Abendblatt des 30. Jänner 1890.

Marys Leiche hat das Personal zwei Tage lang in einer Kammer im Jagdschloss versteckt. Danach durften sie zwei ihrer Onkel, der Pferdesportler Alexander Baltazzi und Georg Graf Stockau, abholen, allerdings nur unter der Bedingung, diskret vorzugehen. So brachten die beiden Männer ihre tote Nichte bei Nacht und Nebel aufrecht in der

Kutsche sitzend und komplett bekleidet unter dem Codenamen »Müller« in das nahe gelegene Heiligenkreuz, um sie dort am folgenden Vormittag auf dem Friedhof notdürftig verscharren zu lassen. Erst einige Monate später, am 16. Mai, wurde Mary in eine von ihrer Mutter errichtete Gruft umgebettet.

Die Ärzte hatten auf Befehl des Kaiserhauses nach der Obduktion in einem Gutachten zu attestieren, dass Rudolfs *That in einem Zustand von Geistesverwirrung geschehen sei* (nur unter dieser Voraussetzung konnte ein Selbstmörder von der Kirche beerdigt werden), er Mary Vetsera umgebracht und danach Selbstmord verübt habe.

Es gibt ein Testament und insgesamt sechs Abschiedsbriefe, die der Thronfolger hinterließ, einer davon war an seine Ehefrau Stephanie gerichtet: *Liebe Stephanie! Du bist von meiner Gegenwart und Plage befreit; werde glücklich auf Deine Art. Sei gut für die arme Kleine, die das Einzige ist, was von mir übrig bleibt. Ich gehe ruhig in den Tod, der allein meinen guten Namen retten kann. Dich herzlichst umarmend, Dein Dich liebender Rudolf.*

Die letzten Zeilen an seine Mutter Sisi, die definitiv existiert hatten (im Gegensatz zu einem Brief an den Vater), sind offenbar kurz nach ihrem Tod vernichtet worden, da sie sich nicht in deren Nachlass befanden.

Auch Mary verfasste einige Abschiedsbriefe und einen letzten Willen, unter anderem schrieb sie ihrer Mutter: *Verzeiht mir, was ich getan; ich konnte der Liebe nicht widerstehen. In Übereinstimmung mit ihm will ich neben ihm am Friedhof von Alland begraben sein. Ich bin glücklicher im Tode als im Leben. Deine Mary. P. S.: Bratfisch hat gestern abend wundervoll gepfiffen.*

Rudolfs Schwager, Prinz Philipp von Sachsen-Coburg-Gotha, der vor der Tat abgereist, aber kurz nach dem Geschehen an den Tatort zurückgekehrt war, bezeugte später unter Eid ... *dass die Schädeldecke abgesprengt, Blut und Gehirnteile herausgequollen waren. Der Kronprinz erschoss im Einvernehmen mit Mary Vetsera diese und dann sich ...*

Dennoch: Das ganze Land spekulierte, das ganze Land trauerte. So hieß es am 3. Februar etwa im »Wiener Salonblatt«: *Eine Wunde ist ganz Österreich, seitdem sein Liebling ihm gestorben! Alle Herzen blu-*

ten! Denn mit ihm, dem jungen, edlen Kaisersohne, starb ein Theil von uns, und Keiner lebt im Reiche, der nicht gramvernichtet heute mit dem Kaiserpaare trüge, bleich und starr, die Dornenkrone!

Aber obwohl im Fall des Todes von Kronprinz Rudolf alle Fakten ganz offensichtlich für einen Selbstmord sprechen, konnten niemals alle Zweifel ausgeräumt, alle Skeptiker zum Schweigen gebracht werden – vielleicht deshalb, weil der Wiener Hof aussagekräftige Unterlagen vernichten ließ und Zeitzeugen zum Schweigen verpflichtete. Das bestätigt auch die Nachfahrin eines Mannes, der beim Abtransport der Leiche des Kronprinzen dabei war, Sisi Bruvry, geb. Grasel: »Mein Urgroßvater durfte nichts sagen, nicht einmal seiner eigenen Familie!« Auch der Besitzer der angeblichen Tatwaffe, Otto von Habsburg, hat diese bis zu seinem Tod nie für Untersuchungen zur Verfügung gestellt. Seine Mutter, Zita, beharrte jedenfalls darauf, dass Rudolf und Mary »politischen Meuchelmördern oder den Freimaurern zum Opfer gefallen« seien. Unglaubwürdig war außerdem, dass es zuerst hieß, Rudolf sei vergiftet worden, danach, er sei bei einem Jagdunfall tödlich verwundet worden, und zuletzt, er sei einem Herzinfarkt erlegen. Es kursierte sogar die Vermutung, dass der Kronprinz von einem eifersüchtigen Förster zuerst entmannt und dann erschossen wurde, als der ihn in flagranti mit seiner Frau ertappte. Kein Wunder, dass diese Verschleierungstaktik Zweifel aufkommen ließ und Verschwörungstheorien bis heute nährt.

Erklärungsversuche, wonach eine schwangere Mary mit der Enthüllung ihrer Affäre drohte und Rudolf diese Schande nicht wollte erleben, oder der Thronfolger aufgrund seiner Morphiumsucht und Alkoholkrankheit lebensmüde war, müssen nach eingehenden Recherchen ins Reich der Legenden verwiesen werden. Ein illegales Kind mehr, als es von ihm ohnehin gegeben haben dürfte, geringe Dosen an Morphium gegen die Schmerzen, die seine Geschlechtskrankheiten verursachten, und seine Vorliebe für Champagner, gemischt mit Cognac, ergeben noch keinen glaubhaften Anlass für die Tat.

Bis heute sind etliche Historiker und Forscher sowie die Nachfahren einiger damals an dem Vorfall Beteiligten jedenfalls der Meinung, dass Rudolf ermordet wurde, unter anderem deshalb, weil er die Monarchie abzuschaffen plante. Angeblich wurde die Tat inszeniert und die Zeugen vor Ort manipuliert oder zur Falschaussage gezwungen.

Eine der zahlreichen Theorien zum vorzeitigen Ableben des Kronprinzen und seiner Geliebten lautete, Marys politisch in geheimer Mission tätige Onkel hätten Rudolf ermordet – der Sohn des Kaisers war unbequem geworden und sollte den Verzicht auf die Thronfolge unterschreiben, was er allerdings verweigerte. Daraufhin hätte man ihn und Mary mit seiner eigenen Waffe erschossen.

Weitere Rätsel gibt das Skelett von Mary Vetsera auf, das keinerlei Einschusslöcher aufweisen soll, wie einer der Bestatter bei einer Umbettung im Jahr 1959 feststellte. In Auftrag gegeben worden war die Verlegung der sterblichen Überreste angeblich von einer Theresia Müller (»Müller« war auch der Codename bei der Beseitigung von Marys bekleideter Leiche.) Und dieses Skelett – allerdings weiß keiner mehr so recht, ob es sich dabei tatsächlich um jenes von Mary handelte – hat im Jahr 1991 ein Hobbydetektiv entwendet. Der Fall wurde durch einen Wiener Journalisten aufgedeckt und zur Anzeige gebracht. Nach Sicherstellung der Gebeine gab die Familie Baltazzi-Vetsera die Genehmigung zu einer forensischen Analyse, zog diese jedoch noch vor Abschluss der Untersuchungen zurück. Und so wurde Mary, wenn sie es denn wirklich ist, ein viertes Mal beerdigt – um hoffentlich für immer in Frieden zu ruhen.

Der Originalsarg, in dem die verliebte junge Frau bis zur ihrer Umbettung im Jahr 1959 lag, ist heute im Karmel St. Josef zu besichtigen. Daneben liegen auch einige jener Holzplanken des provisorischen ersten Sarges, in dem Mary Vetsera die ersten paar Monate notdürftig verscharrt war.

Sein Geheimnis mit ins Grab nahm auch Josef Bratfisch, der die Tragödie hautnah miterlebt hat, wie seine Tochter, Antonia Konhäuser, am 18. April 1957 niederschrieb: *Als dann die Schreckensnachricht über die Katastrophe von Mayerling die ganze Welt durcheilte, blieb mein Vater 4 Tage lang verschollen. Ganz verstört kehrte er heim, sprach aber über die eigentliche Affäre kein Wort. Nur etwas brachte er mit: eine kleine goldene Damenuhr mit Brillianten, mit perlenbesetzter Sportkette und anhängendem Goldring. Diese hatte ihm die Baronin Vetsera Mary im*

Jagdschloß Mayerling bei seinem Abgang mit den Worten geschenkt: »Nehmen Sie das zum Andenken, es ist ohnehin das letztemal.«

... Mein Vater ist dann in Wien, 45 Jahre alt, an Luftröhren-Entartung (Krebs) gestorben und wurde am Hernalser Friedhof, Gruppe V, N. 130, begraben.

Sein Ehrenwort, zu schweigen, hat er bis zu seinem Tode gehalten, selbst seiner Familie gegenüber.

Keine Vermutung, sondern eine Tatsache ist der Umstand, dass der Tod des beim Volk sehr beliebten Thronfolgers die größte Selbstmordwelle bei den Soldaten der österreichischen Armee auslöste.

Die Einwohner von Mayerling gruseln sich jedenfalls weniger vor den morbiden Schaustücken im Karmel als vielmehr vor dem Geist des schwermütigen Kronprinzen, der immer wieder an den Ort seines Dahinscheidens zurückkehrt. Viele werten diese Tatsache als Indiz, dass er doch nicht freiwillig aus dem Leben geschieden ist, wie das Kaiserhaus seine Untertanen glauben machen wollte. Sie sind der Meinung, dass Rudolf erst dann zur Ruhe kommen kann, wenn die Tat vollständig aufgeklärt wurde und man seine Mörder, beziehungsweise die Drahtzieher des Verbrechens, überführt und posthum öffentlich angeklagt hat.

Kurz nach seinem Tod hat er auch im Palais von Johann Nepomuk Wilczek, genannt »Graf Hans Wilczek«, das sich nahe der Hofburg befindet und sich mit dieser früher einen unterirdischen Verbindungsgang teilte, gespukt. Der Polarforscher, der in engem Kontakt mit der Kaiserfamilie stand und auch mit Rudolf befreundet gewesen war, hatte nach dem Tod des Thronfolgers einen Schrank aus dessen Besitz erworben und in einem Raum in seinem Palais aufstellen lassen. Doch schon bald begann es in dem Kasten zu klopfen und zu rumoren, sodass Wilczek das Möbelstück kurze Zeit später zerhackte und verbrannte.

Rudolf ist darüber hinaus auch im Gasthof »Zum Alten Jagdschloss« in Mayerling zugange – es spielten sich mehrmals pro Monat gruselige Szenen ab, wie eine ehemalige Angestellte, die anonym bleiben möchte, im Jahr 2003 mehrmals miterlebt hat.

»In dem Raum, in dem noch heute Bilder von Stephanie und Mary nebeneinander an der Wand hängen, ist regelmäßig die Post abgegangen. Am häufigsten konnte ich das Phänomen an Samstagen beobachten, allerdings fast ausschließlich im Winter, da kam es manchmal sogar jedes Wochenende zu seltsamen Vorkommnissen. Miterlebt haben es andere auch, aber zugegeben hat es keiner, außer mir. Vielleicht fürchten sie, dass man sie für verrückt halten könnte, wenn sie erzählen, was sie in jenen Nächten gehört und gesehen haben. Aber mir scheint es nur logisch, dass der arme Rudolf nicht zur Ruhe kommt … bis heute wird ja darüber gerätselt, was ihm zugestoßen ist, denn an Selbstmord glauben offenbar die wenigsten Leute in Mayerling, von welchen einige Vorfahren ja Zeitzeugen waren. Da ist damals zu viel gemauschelt und vertuscht worden … beispielsweise hat Ministerpräsidenten Eduard Graf Taaffe die Unterlagen, die ihm der Kaiser zur Verwahrung übergeben und nicht, wie vorgeschrieben, im Staatsarchiv hinterlegt hat, vor seinem Tod in Böhmen verbrannt. Nur die Habsburger selbst wissen vermutlich, was passiert ist, und die halten dieses Familiengeheimnis unter Verschluss.

Jedenfalls ist es kein Wunder, dass Rudolf herumspukt. Im Lokal begann der Spuk immer zwischen 21 und 22 Uhr. Es ging damit los, dass eine weiße Wolke aus dem Bild von Stephanie zu Boden sank und sich irgendwie in Richtung des Gemäldes von Mary Vetsera bewegte, die ihrerseits aus dem Rahmen stieg, und zwar als Geist in Form einer roten Schwade. Kurze Zeit später war ein lautes auf- und abschwellendes Summen zu hören, als würde sich ein Schwarm Bienen durch den Raum bewegen und sich einmal nähern und dann wieder entfernen. Zuletzt sprang ein schwarzer Schatten zwischen die weiße Wolke und die rote Schwade und drängte die beiden Gebilde auseinander, bis sie sich in Luft auflösten. Während dieser etwa zehn bis 15 Sekunden erklang das Summen noch intensiver – oft war das Geräusch so laut, dass wir uns die Ohren zuhalten mussten. Danach fiel die schwarze Gestalt in sich zusammen und verschwand ebenfalls. Und dieselbe Szene spielte sich immer und immer wieder vor unseren Augen und Ohren ab. Natürlich gab es noch mehr Dinge, die dort passierten, beispielsweise erklang häufig ein lautes Poltern aus dem Raum, obwohl sich niemand darin aufhielt. Aber es wollte ja nie jemand wirklich etwas gesehen oder gehört haben, zumindest nichts, worüber man reden würde.«

Aber der ehemalige Thronfolger spukt nicht nur in einem Kloster und Gasthof in Mayerling, sondern auch in einem Heurigenlokal in Mödling, wo er sich häufig mit Mizzi Kaspar aufgehalten hat.

Kronprinz Rudolf wartet und singt in der Zwischenzeit Wienerlieder

Mödling wurde bereits in der Jungsteinzeit, in späterer Zeit unter anderem von den Langobarden und Awaren besiedelt. Nach der Schlacht auf dem Lechfeld in Deutschland ließen sich 955 die Bayern dauerhaft in der Region nieder. Rund zweieinhalb Jahrhunderte später war »Medelikch« Sitz des Babenbergers Heinrich des Älteren, des Sohns von Heinrich II. Jasomirgott, der die Stadtburg errichten ließ. In seiner Residenz hat er allerdings weniger geherrscht, als Künstler empfangen – ein gern und häufig gesehener Gast war beispielsweise der Lyriker und Minnesänger Walther von der Vogelweide. Mödling erlebte eine erste Blütezeit, die Babenberger hatten dem Dorf Wohlstand und Kultur beschert.

Unter den nachfolgenden habsburgischen Herzögen gediehen Handel und Weinbau und so wurde im Jahre 1343 unter Herzog Albrecht II. das Dorf zum *Markt ze Medlich* ernannt. 1374 hat man eine Schranne errichtet – heute das Mödlinger Rathaus. Als Kaiser Friedrich III. im Jahre 1458 dem Markt ein eigenes Wappen verlieh, standen in »Medling« bereits 250 Häuser und zahlreiche Wassermühlen entlang dem Mödlingbach. Von diesem Gewässer stammt auch der Name der Stadt, da dessen Wurzeln im Slawischen einen langsam rinnenden Fluss bezeichnen.

Bei der Ersten Türkenbelagerung 1529 wurde ein großer Teil von Mödling zerstört, 1679 starb etwa die Hälfte der Bevölkerung an der Pest und 1683 fielen fast alle verbliebenen Einwohner den Kämpfen und brutalen Überfällen im Verlauf der Zweiten Türkenbelagerung zum Opfer. Es erfolgte eine Wiederbelebung der Gegend durch Siedler aus der Steiermark, woran bis heute der Steirische Panther im Wappenschild erinnert. Am 18. November 1875 wurde der Markt Mödling zur Stadt erhoben.

Und in dieser Stadt, in der stets viele Künstler verkehrten – beispielsweise der Komponist Ludwig van Beethoven in den Sommermonaten der Jahre 1818 und 1819 –, gibt es ein ganz besonderes Heurigenlokal.

Einst vor den Toren Mödlings gelegen, befindet sich das rund 200 Jahre alte Gebäude heute im Zentrum und zählt zu den beliebtesten Buschenschenken der Region.

Früher handelte es sich bei dem Traditionsheurigen um eine einfache Gastwirtschaft in der schmalen Feldgasse 6 (seit 1905 Friedrich-Schiller-Straße 6), die Besuchern edle Tropfen aus den umliegenden Weinbergen kredenzte.

Ab dem Jahr 1887 war mehrmals pro Monat ein verliebtes Pärchen zu Gast, ein fescher Mann und ein freches Mädel. Die beiden fuhren im Fiaker vor, der von einem pfeifenden Kutscher gelenkt wurde, der auch als Gast zu gelten hatte und zu später Stunden oft Wienerlieder zum Besten gab. Die jungen Leute taten immer sehr heimlich, niemand durfte sie erkennen, hieß es, aber sie wirkten glücklich und strahlten sich oft stundenlang Händchen haltend an. Meist saßen sie im Keller unter dem alten Gewölbe in einer dunklen Ecke. Getrunken wurde eher in Maßen als in Massen und nur die edelsten Tropfen durften serviert werden.

Das Paar hatte im Sommer nicht weit zu gehen, wenn es leicht beschwipst den Heimweg antrat, denn das Mädel wohnte genau gegenüber der Gastwirtschaft, in ihrem Sommerdomizil in der Feldgasse 9 (heute Friedrich-Schiller-Straße 9). Im Winter sah man die beiden selten, da hielt sich die junge Frau in ihrem Stadthaus in der Heumühlgasse 10 auf, das ihr der Galan spendiert hatte.

Bei dem Liebespaar handelte es sich um Kronprinz Rudolf und sein »Gspusi« Mizzi Kaspar, das häufig mit dem Kutscher Josef Bratfisch Ausflüge in den Wienerwald unternahm und abends in besagter Gastwirtschaft einkehrte – so stand es in einigen handschriftlichen Aufzeichnungen des Kutschenfahrers. Der hielt in einer Art Kalender fest, wann er mit Rudolf unterwegs war und wann er Zeit hatte, um mit dem Wiener Schrammelquartett aufzutreten.

Nach dem Tod des Kronprinzen kaufte sich Mizzi Kaspar in großer Trauer um ihren Geliebten ein Grab auf dem Friedhof in Mödling mit

»Blick« zum Husarentempel, wo sich Rudolf ursprünglich mit ihr gemeinsam das Leben nehmen wollte. Dort ruht die »Wiener Dirne« seit ihrem Dahinscheiden am 29. 1. 1907 an den Folgen der Geschlechtskrankheit Syphilis, fast auf den Tag genau 18 Jahre nach Rudolfs Tod (am 30. 1. 1889), noch heute – zumindest ihre Gebeine liegen an dieser Stelle. Zu sehen ist das Grab allerdings nicht mehr.

In feinstofflicher Gestalt auferstanden sein dürfte sie bereits wenige Jahre später, da sie seit etwa 1910 in Begleitung des Thronfolgers in dem alten Gebäude in der Friedrich-Schiller-Straße 6 auftaucht – das zumindest erfuhr das Medium Isabella Ambichl-Fischhof in ihren Visionen. Das Liebespaar feiert dort von Zeit zu Zeit die ganze Nacht lang in einem Kellerraum des Hauses, der von den heutigen Besitzern des Heurigen »Kronprinz-Rudolf-Stüberl« genannt wurde – so romantisch und ausgelassen wie einst vor rund 130 Jahren.

»Hin und wieder ist auch der Kutscher Bratfisch mit von der Partie«, erzählt Isabella, »der singt und pfeift dann immer. Ich glaube, die Heurigenbesitzer von einst und jetzt haben nicht bemerkt, dass die Geister da sind, genau dort unter dem Gewölbe, wo Mizzi Kaspar und der Kronprinz auch früher saßen. Üblicherweise würde ich nicht darüber sprechen, aber ich spüre immer stärker, dass Rudolf sich mitteilen möchte, dass er Aufmerksamkeit erregen will. Er hat noch keine Ruhe gefunden, ebenso wenig wie seine damalige Freundin Mizzi. Die beiden sind noch nicht bereit fürs Jenseits und werden so lange spuken, bis erledigt ist, was erledigt werden muss. Und bis dahin verweilt er geduldig im Diesseits und wartet – bevorzugt dort, wo er sich früher am wohlsten gefühlt hat. Die Aktivität geht deutlich von ihm aus … Mizzi ist eher eine Mitläuferin, obwohl sie schon auch sehr aufgebracht ist. Rudolf sagt, er werde keine Ruhe geben, weil er nicht nur zu Lebzeiten stets missverstanden wurde, sondern weil ihm darüber hinaus ›ein großes Unrecht widerfahren sei‹. Es hätte mit seinem Ableben zu tun, obwohl er bestätigt, dass es Selbstmord war, und zugleich beteuert, dass Mary freiwillig mit ihm ging. Er meint außerdem, er plaudere gerne mit jedem, der in der Lage sei, mit ihm Kontakt aufzunehmen, warnt aber vor Scharlatanen, die er nicht leiden kann und ›gnadenlos entlarven wird‹. Und zwischendurch feiert der Kronprinz einfach seine geisterhafte Existenz, die weder angenehm noch unangenehm, sondern im Prinzip nur ›sterbenslangweilig‹ sei, unter anderem in einem seiner ehemaligen Stammlokale mit Mizzi Kaspar, die stets an seiner Seite bleibt. Hin und wieder singt er zusammen mit dem Kutscher ein paar Wienerlieder – ich bin schon in den Genuss dieser Vorstellung gekommen. In meiner Funktion als Medium werde ich weiterhin mit Rudolf in Verbindung bleiben.«

Ein Wispern am Wegerl und die Katze, die den Kaiser sah

Auch Baden wurde bereits ab der älteren Steinzeit besiedelt. Um 300 n. Chr. legten römische Soldaten Weingärten an, bauten Bäder und schufen die Zivilstadt »Aqua«. Die warmen Schwefelquellen waren bereits damals in einem Ortsverzeichnis vermerkt. Zu dieser Zeit gab es an der Ostseite des heutigen Hauptplatzes, auf dem heute das Kaiserhaus steht, ein römisches Gräberfeld. Etwa 800 Jahre später gehörte dieser Teil der Stadt zu den Gründen des Badener Augustinerklosters.

Im Jahr 869 taucht dann der deutsche Name »Padun« in einer Urkunde auf. Mitte des 12. Jahrhunderts siedelten sich die »Herren von Baden« an, danach auch die Babenberger. Im 15. Jahrhundert erlangte die Stadt aufgrund der Nähe zu Ungarn große Bedeutung, und so wurde ihr, nachdem diese *frei von Räubern* war, 1480 von Kaiser Friedrich III. das Stadtrecht und ... *ain Wappen unndt Clainoth, mit Namen Unnsern Schild New-Österreich, unnd darin ain Figur aines Wildt-Path mit Figuren zweyer Nackheten Menschen, Mann: unndt Frawen Pildt, ...* verliehen.

In den Jahren 1529 und 1683 fielen die Türken in Baden ein und zerstörten die Stadt beinahe zur Gänze, ebenso wie die beiden großen Brände 1714 und 1812.

Etliche Mitglieder der Familie Habsburg, darunter zahlreiche gekrönte Häupter, besuchten Baden gerne und oft: Albrecht IV., Albrecht V., Leopold IV., Friedrich IV., Maximilian I., Leopold I., Josef I., Maria Theresia und Joseph II.

Kaiser Franz Joseph I. war nur einmal offiziell in Baden, und zwar als Zuseher bei einer Schießveranstaltung, privat hielt er sich hin und wieder bei Verwandten in der Stadt auf, in der auch seine liebe Freundin Katharina Schratt geboren wurde.

Gewohnt haben die Blaublütler in Baden entweder in Hotels oder als Gäste im heutigen Kaiserhaus, das Mitte des 16. Jahrhunderts dem Ratsherrn Leopold Hagen und seiner Gattin Barbara gehörte. Von 1686 bis 1785 trug das Gebäude den Namen »Bey den großen weithen Fenstern«, was darauf hindeutet, dass es besonders weitläufig war. 1792 kaufte es Johann Jakob Freiherr von Gontard um 5.000 Gulden von dem bürgerlichen Schustermeister Carl Strickh und seiner Frau Eva Maria. Danach wechselte das Haus mehrmals den Besitzer. 1812 verlor es beim zweiten großen Stadtbrand das Dach.

Seine Glanzzeit erlebte Baden in der ersten Hälfte des 19. Jahrhunderts. Von 1803 bis 1835 hielt sich Maria Theresias Enkel, »Biedermeierkaiser« Franz II., jeden Sommer in der Stadt auf. Anfangs kam er mit seiner dritten Ehefrau, Maria Ludovica, mit der er zunächst in Hotels nächtigte. Nach deren Tod erschien der Regent mit seiner vierten und letzten Gattin, der um 24 Jahre jüngeren Karoline Auguste. Bei ihrem Anblick soll Franz gesagt haben: »Wenigstens hab ich dann nicht in ein paar Jahren wieder eine Leich'!« Sie wiederum nannte ihren Gatten »ihr Herzensmännchen«.

1813 schickte der Monarch Ehefrau Maria Ludovica zur Besichtigung des Kaiserhauses, das er zu erwerben gedachte. Nach der ersten Besichtigung äußerte sie in einem Brief an ihren Gemahl: *Ich besah das Gebäude das wir bewohnen sollen, und muss dir offenherzig gestehen, dass ich es sowohl unbewohnbar für heuer als unfähig einer zweckmäßigen Verbesserung finde.*

Doch die Kritik der Kaisergattin hat nichts genutzt – Franz II. hatte sich bereits in das Palais, das in seiner heutigen Gestalt ab dem Jahr 1807 für den Fürsten Nikolaus II. Esterházy de Galantha erbaut worden war, verliebt und ließ es um 65.000 Gulden kaufen. Der sparsame Kaiser hat nicht einmal die vom Brand beschädigte Fassade streichen lassen und zog sofort im ersten Stock ein. Im selben Jahr ließ er Stallungen für seine edlen Rösser erbauen, in welchen heute die Feuerwehr der Stadt Baden untergebracht ist (Grabengasse 18).

Während seiner regelmäßigen Sommerfrische in Baden empfing der Herrscher auch Besuch aus dem Volk, wie die »Wiener Zeitung« am 5. August 1812 verkündete: *Se. Maj. der Kaiser haben bereits am*

Auf dem Hauptplatz von Baden taucht regelmäßig der Geist von Franz II. in der Nähe des Kaiserhauses auf und erschreckt die Einwohner der Stadt.

abgewichenen Freytage den Aufenthalt zu Baden genommen, und sind gestern hierher gekommen, um heute Audienzen zu ertheilen.

Im Jahr 1805 gründete Seine Majestät die k. k. Wohltätigkeitsanstalt und ließ sie 1825 erweitern. Diese Institution nahm Kranke und *arme Badebedürftige aus Wien und vom flachen Lande in Nieder-Oesterreich unentgeldlich auf. Ein eigenes Bad im Garten der Anstalt wird von + 23 Grad warmen Quelle genährt.* (»Wiener Zeitung«, 9. Juni 1840)

Franz II. hatte sein Mitgefühl nie zur Gänze der Krone geopfert, obwohl er als »verwöhnter Jüngling« bereits mit 16 von seinem Onkel, Joseph II., aus Italien in die Wiener Hofburg befehligt wurde, weil die »entnervende italienische Luft die Menschen weich machen würde«. Ganz ohne Eltern und Geschwister musste er ein abhärtendes Erziehungsprogramm absolvieren, um auf seine Rolle als künftiger Kaiser optimal vorbereitet zu sein. Gleich darauf war auch schon die passende Ehefrau, Elisabeth von Württemberg, zur Stelle, die in die gleiche Maschinerie geriet wie ihr Zukünftiger. Nebenher sammelte der friedfertige und introvertierte junge Mann Bücher und Porträts, die der gestrenge Herr Onkel gnädig finanzierte.

Auch später als Regent war Franz II. eher zurückhaltend und fühlte sich in der Botanik wesentlich wohler als auf dem Thron, was ihm die Bezeichnung »Blumenkaiser« eintrug. Er finanzierte als leidenschaftlicher Hobbygärtner aufwendige Expeditionen in alle Welt, um von dort exotische Pflanzen und Insekten nach Österreich zu bringen.

Während die Wienerinnen und Wiener im Volksgarten Kaffee tranken, plauderten und lachten, zupfte der Monarch in stiller Abgeschiedenheit auf der anderen Seite der Hofburg in seinem Kaisergarten (heute Burggarten) Unkraut und stutzte auf der Terrasse die Rosenstöcke. Dort turnten häufig auch Affen herum, die in der warmen Jahreszeit im Park in den Wipfeln der Bäume aus Afrika oder Asien hausten. Ein befreundeter Botaniker brachte dem Regenten auch immer wieder dunkelhäutige Eingeborene als Geschenke aus Übersee mit, vom Volk als »Wüde« bezeichnet. Der Kaiser sorgte sich eher um die Menschen, als dass er sich freute, und ließ ihnen im Tropenbereich des Kaisergartens bei den Affen einen Pavillon bauen. Trotz der Fürsorge war den Schwarzen nach den Reisestrapazen und aufgrund des neuen Klimas und der ungewöhnlichen Kost kein langes Leben in Wien beschert. Franz ließ daraufhin die Verstorbenen ausstopfen, seinem Naturalienkabinett hinzufügen und in einem künstlichen Urwald zur Schau stellen. Dieses Los traf auch den afrikanischen Kammerdiener Angelo Soliman, der dort präpariert und halb nackt mit Federn und Muschelkette bis 1806 gezeigt wurde. Diese pittoreske Sammlung des Kaisers wurde im Zuge der Unruhen des Jahres 1848 allerdings vernichtet.

In Baden hielten mit dem Herrscher der gesamte Hof, die feine Gesellschaft und die Geldaristokratie und mit ihnen die Kunstwelt Einzug, sodass die Stadt durch eine Reihe von Mäzenen mit herrlichen Parkanlagen und prächtigen Villen ausgestattet wurde, die bis ins Helenental reichten. Der Kurpark, in dem man damals alle bedeutenden Persönlichkeiten der Zeit, Adelige wie auch Künstler, treffen konnte, wurde vor allem am Sonntag nach der »galanten Messe« um 11 Uhr zum wichtigsten Platz Mitteleuropas. Baden war damals, wie es später der österreichische Schriftsteller Moritz Gottlieb Saphir ausdrückte, *ein kleines Wien in Aquarell*. Ludwig van Beethoven schuf in Baden unter anderem die IX. Symphonie und die »Missa solemnis«, Wolfgang Amadeus Mozart komponierte im Zuge eines Besuchs seiner in der Stadt kurenden Frau Konstanze das »Ave verum corpus«. Joseph Lanner und Johann Strauß gaben Konzerte vor der noblen Gesellschaft Badens und Franz Grillparzer ersann auf seiner Lieblingsbank im Kurpark die ersten Ideen für seine Trilogie »Das Goldene Vlies« – es gibt fast keine Persönlichkeit der Kunst-, Musik- und Literaturgeschichte, die damals nicht mit Baden in irgendeiner Verbindung gestanden hätte.

Besonders häufig besuchten Kaiser Franz II. und seine Gemahlin die Thermalquellen, wie am 6. Juli 1823 im »Österreichischen Beobachter« zu lesen war: … *Nachmittags haben sich Se. Majestät der Kaiser mit Ihrer Majestät der Kaiserin nach Baden begeben, um Sich der dortigen Bäder zu bedienen*. Der Herrscher soll nach und nach sogar einige Badeordnungen erlassen haben.

Nicht einmal Familienfeste konnten Franz II. davon abhalten, in der warmen Jahreszeit jede freie Minute in Baden zu verbringen, wie eine Meldung in der »Wiener Theater-Zeitung« vom 22. Juli 1830 beweist: *Den 13. D. M. gab S. kais. Hoheit, der durchlauchtigste Franz*

Karl bey Gelegenheit des hohen Geburtsfestes S. M. der verwitweten Königinn von Bayern, seiner erhabenen Schwiegermutter in Schönbrunn ein Familien-Fest. Nachdem S. M. der Kaiser, welcher von Baden auf Besuch gekommen, nach Tische wieder zurückgefahren war …

Am 24. Dezember 1832 war folgender Artikel in der »Wiener Zeitschrift« zu lesen, der vielleicht erklärt, was dem Monarchen an der Stadt so gut gefiel: *Ich habe einige Zeit in Baden zugebracht, es ist ein kleines altes Städtchen, dem man es nur zu wohl ansieht, wie barbarisch die Türken darin gehauset haben. Ungeachtet es in einer waldigen Gegend liegt, hat es doch eine sehr gesunde Luft, und wird daher von vielen Fremden des Bades, oder der Unterhaltung wegen besucht. – Einen Ort, wie dieses Städtchen, so geeignet zu lustigen Abenteuern, ungezwungener Unterhaltung und treffliche Pflege der Gesundheit hat selbst Paris nicht in solcher Nähe. Schade, daß der Weg dahin schlecht, und nicht immer ganz sicher ist.*

Ich bewohnte dasselbe Haus, welches Kaiser Peter (im July 1698) inne hatte. Die Einwohner von Baden verstehen es trefflich, Gold von den Fremden zu ziehen, – ihre Gefälligkeit kennt keine Grenzen, ziemlich auffallende Abenteurer werden hier friedlich geduldet, und in den Bädern geht es sehr lustig zu, wenn gleich eine neue, etwas strengere Badeordnung diese Lustigkeit beschränkt hat. Neulich wohnte ich einer schwimmenden Tafel in einem Bade bey, konnte aber wegen des Dampfes keinen Bissen hinabbringen. …*

Im Jahr 1832 kursierte dann in den Zeitungen eine Geschichte, die sich bis nach Frankreich verbreitete, über die »Herzensgüte« von Kaiser Franz II., die er auch in Baden unter Beweis stellte: Der Regent soll sich dem Leichenzug eines *seiner geringsten Unterthanen*, dem nur der Priester und der Küster auf dem Weg durch die Straßen der Stadt folgten, angeschlossen haben, weil ihm der Verstorbene leid tat. Dazu existierte sogar ein Gedicht mit dem Titel »Kaiser Franz und die Leiche«, gereimt von Ludwig August Frankl. Der Monarch hat sich dazu angeblich folgendermaßen geäußert: *Die Vers sein wohl schön, ich laß dem Frankl danken für die gute Meinung, aber wahr ist die G'schicht nicht.*

Was allerdings stimmt, ist, dass der Kaiser das Image des idealen Familienvaters, der nirgends glücklicher ist als zu Hause im Kreis seiner Familie, pflegte, perfektionierte und auch popularisierte, was sicherlich zu seiner Beliebtheit beitrug. Auch vom Volk, das die Absichten dieses immer etwas blassen, stets unauffälligen Kaisers wohl nie ganz durchschaute, erwartete sich Franz II. einen gewissen Rückzug ins Private – denn Untertanen mit wenig politischem Interesse und mangelndem Ehrgeiz, fügsam und fromm, ließen sich gut regieren. Ergänzt werden sollte diese still existierende und kräftig konsumierende Mittelschicht von intelligenter Aristokratie, die eine starke Führung bot, sowie von hart arbeitenden Bauern, die taten, was man ihnen vorschrieb.

Der Sohn von Franz II., Ferdinand I. (1793–1875), »der Gütige« – aufgrund seiner epileptischen Anfälle häufig als »Nandl der Trottel« bezeichnet und wegen seines kränklichen Aussehens auch »Gütinand, der Fertige« genannt –, war ebenfalls oft in Baden zu Besuch. Die Einwohner der Stadt mochten ihn, wie folgender Abdruck in der »Vereinigten Ofner-Pester Zeitung« am 19. August 1832 beweist: *Höchstdieselben fuhren am folgenden Tag von Ihrer durchl. Gemahlin begleitet nach den Krainer Hütten, und beide Majestäten machten später zu Fuß einen Spaziergang im Park. Uiberall, wo Sich der König* (Ferdinand I. war als Ferdinand V. König von Ungarn) *zeigt, empfängt Er die rührenden Beweise der Liebe und Anhänglichkeit des Volkes.*

Trotz zahlreicher Sympathiebekundungen, die er vermutlich wegen seiner harmlosen Liebenswürdigkeit erhielt, wurde der österreichische Kaiser vom Volk belächelt. Unter anderem auch in Baden hat sich in Erinnerung an den Monarchen über Generationen hinweg der Ausruf »Gütiger, der Ferdinand!« (anstatt »Ferdinand der Gütige«) eingeprägt.

Und zumindest bei einem Mann war Kaiser Ferdinand mit Sicherheit nicht beliebt: Der pensionierte Hauptmann Franz Reindl, dem der Regent eine erbetene Summe Geldes verweigerte, verübte am 9. August 1832 in Baden (in der heutigen Marchetstraße) ein Pistolenattentat auf den Kronprinzen. Ferdinand überstand die Attacke leicht verletzt. Aus Dankbarkeit darüber wurde 1833 an der Nordseite der barocken Pestsäule aus dem Jahr 1713, die sich am Hauptplatz vor dem Kaiserhaus befindet, der Ferdinandbrunnen errichtet.

Weitere Habsburger, die über einen längeren Zeitraum hinweg in Baden wohnten: In der Weilburg hielten sich Erzherzog Karl (Bruder von Franz II.), der Sieger von Aspern, und dessen Gemahlin Henriette von Nassau-Weilburg auf. Erzherzog Rainer (Neffe von Franz II.) und Gattin, seine Cousine Maria Karoline (Tochter von Erzherzog Karl), residierten in der Rainervilla, die zuvor Gustav Ritter von Epstein gehörte, der sie auch erbauen ließ. Rainer zog die vier aus einer »nicht vom Kaiser genehmigten Ehe« stammenden Kinder seines bankrotten Bruders, Erzherzog Ernst, groß. Die Mutter der zwei Mädchen und zwei Jungen war bereits 1865 an Gebärmutterkrebs verstorben, Ernst hat sich 1899 das Leben genommen, indem er sich die Pulsadern aufschnitt.

Erzherzog Wilhelm, ein Sohn von Erzherzog Karl, hauste meist im Jagdschloss westlich der Weilburg, der späteren Eugenvilla, die er 1884 erbauen ließ. Nach seinem tragischen Tod infolge eines Sturzes vom Pferd ging im Jahr 1894 das Gebäude in den Besitz seines Neffen, Erzherzog Eugen, über. Dieser Habsburger, dem am 7. Jänner 1906 das erste Autokennzeichen Österreichs, A 1 (wobei das »A« für Wien stand), verliehen wurde, war ein häufiger Gast in Baden.

Und einige der Hoheiten sind dabei vermutlich auch das »Wegerl« im Helenental entlangspaziert, an dessen Beginn, von Baden aus gesehen, sich die beiden Burgruinen Rauheneck und Rauhenstein befinden, die mehrmals von Kaiserin Sisi besucht wurden. Erzherzog Rai ner, ein leidenschaftlicher Reiter, überquerte das Helenental bis ins hohe Alter zu Pferd über die Bögen der Wiener Wasserleitung.

Die romantische Promenade für Fußgänger am linken Ufer der Schwechat entstand im Zuge der Erschließung dieser Gegend aufgrund des Fremdenverkehrsbooms, den Kaiser Franz II. ausgelöst hatte.

Im Jahr 1826 erfolgte der Durchbruch des Urtelsteins (ursprünglich Urteilstein, der Sage nach eine alte Hinrichtungsstätte, wo man die zum Tode Verurteilten vom Felsen in den Strudel der Schwechat warf) *mittels 15 000 Sprengschüssen*, dessen Portalüberschrift lautet »Imperante Francisco I.« (lat. für »während der Regentschaft Franz I.«). Danach wurde die Straßen zwischen Baden und dem heutigen Siegenfeld ausgebaut und zeitgleich im Wald das idyllische Wegerl im Helenental angelegt.

Wer genau heute am Wegerl im Helenental, über dessen Lieblichkeit sogar ein Lied komponiert wurde (von Alexander Steinbrecher), spukt, kann nicht mit Sicherheit gesagt werden, vermutlich ist es entweder Kaiser Franz II. oder sein Sohn, Erzherzog Ferdinand. Fest steht jedoch, dass verschiedene Spaziergänger, Wanderer und Jogger, sowohl aus Baden selbst als auch aus der Umgebung, nach ihrer Rückkehr aus dem Wald entlang der Schwechat über ein seltsames Wispern berichteten. Sie hätten es zumeist von oben aus den Baumkronen gehört, leise Stimmen, die ganz deutlich sagten: »Sehen Sie, ich bin der Kaiser«, »Grüßen Sie mich, ich bin Ihre Majestät« und »Seien sie gut, ich bin Ihr Herrscher«. Einmal wurde auch noch ein »Gehen Sie weg! Ich komme hier!« vernommen.

Es scheint also tatsächlich ein sehr selbstbewusster Blaublütler noch heute durch das Helenental zu schreiten, dies hin und wieder auch anzukündigen und dabei eine Ehrerbietung einzufordern.

Vielleicht flanierte auch Kaiser Karl I. einst entlang der Schwechat, ganz sicher aber hielt er sich im Kaiserhaus in Baden auf: Als die Stadt mit Jänner 1917 Sitz des Armeeoberkommandos der k. k. Monarchie wurde, hat Kaiser Karl I. von seinem Arbeitszimmer im ersten Stock des Gebäudes aus seine Armee befehligt.

Im Jahr 1918 verließ er als letzter Kaiser des Landes das Palais am Hauptplatz, das im Jahr 2008 von der Stadt Baden gekauft und saniert wurde. Heute dient die kaiserliche Wohnung im ersten Stock als Museum und Ausstellungsraum.

Und für den Spuk dort gibt es eine besondere Zeugin, die kleine Tigerkatze Lilly. Von ihren Wahrnehmungen hat deren 17-jähriges Frauchen, Sarah K. aus Baden, immer wieder Eltern und Freundinnen berichtet, fand jedoch wenig Gehör.

»Lilly darf nicht alleine hinaus auf die Straße, weil wir in der Grabengasse wohnen, durch die tagsüber viele Autos durchfahren. Aber ich hab ihr von klein auf angewöhnt, ein Geschirr zu tragen, damit ich mit ihr an der Leine gehen kann wie mit einem Hund. Und das klappt mittlerweile auch ganz gut.

Angefangen haben die Probleme mit Lilly im Sommer 2014, als sie zwei Jahre alt war. Ich bin mit ihr vor allem ab etwa 21 Uhr durch die Innenstadt gegangen, weil ich nicht wollte, dass mich die Leute komisch anschauen, wenn ich mit einer Katze an der Leine spazieren gehe. Eines Abends im Juli, wir sind gerade auf Höhe des Kaiserhauses Richtung Wassergasse geschlendert, sprang Lilly plötzlich mit einem lauten Fauchen in die Höhe, während sich ihr Fell am Rücken aufstellte. Dann maunzte sie kläglich und lief an einer Stelle mehrmals im Kreis. Ich bin sofort hin und hab sie hochgehoben, doch sie wollte wieder hinunter auf den Boden und hat mich sogar wütend gekratzt, als ich sie nicht sofort absetzte. Danach pfauchte sie mehrmals hintereinander irgendetwas heftig an und teilte ein paar Prankenhiebe gegen ein unsichtbares Wesen aus. Ich wusste nicht, wie ich reagieren sollte, und hab sie halt ausspinnen lassen. Da stand plötzlich ein uralter Mann neben mir, den ich gar nicht kommen gehört hatte, und murmelte: ›Die sieht den Kaiser Franz, Tiere sehen den öfter da vor dem Haus spazieren gehen. Mein Bodo hat ihn auch schon angekläfft. Manchmal rennt hier aber auch sein Sohn Ferdinand ziellos herum, der regt meinen Bodo noch mehr auf, weil er so hektisch ist. Aber glaub mir, liebes Mädchen, beide Kaiser sind immer noch hier. Und sie bleiben auch, weil sie sich hier so wohl gefühlt haben.‹

Ich muss gestehen, ich bin nicht gerade gut in Geschichte und hatte daher keine Ahnung, wovon der komische Mann sprach, hab also nur freundlich genickt und währenddessen geschaut, ob Lilly sich endlich beruhigt. Der Mann ging dann weiter und ich schleifte meine immer noch aufgeregte Katze heimwärts, wo ich meiner Mutter von dem Vorfall erzählte. Die glaubte mir natürlich kein Wort. Aber von Franz und Ferdinand hat sie mir ein paar Geschichten erzählt.

Vielleicht waren diese Kaiser ja nicht besonders tierlieb, wenn die Tiere sie offenbar nicht leiden können. Keine Ahnung. Ich geh jedenfalls abends dort bei dem Haus am Hauptlatz nicht mehr vorbei.«

Der eine orientierungslos, der andere ohne Zähne

Von dem steirischen Fürstengeschlecht Traungauer erbten die Babenberger 1192 die damalige Grafschaft Pitten (die heutigen Bezirke Wiener Neustadt und Neunkirchen). Noch im selben Jahr gründete Herzog Leopold V. inmitten des Steinfelds eine befestigte Siedung namens »Nova Civitas« (lat. für »Neue Stadt«), der Namenszusatz »Wiener« setzte sich erst im 17. Jahrhundert durch. Für die Errichtung der Gebäude, unter anderem des heutigen Doms und der Burganlage (in der heute die Militärakademie untergebracht ist), wurde ein Teil des Lösegeldes verwendet, das Leopold V. für den zuvor gefangen genommenen englischen König Richard Löwenherz erhalten hatte. Die Stadt gedieh aufgrund zahlreicher Privilegien, wie Marktrecht und volle Gerichtsbarkeit, ausgezeichnet.

Im 15. Jahrhundert erlebte Wiener Neustadt eine Blütezeit, da Kaiser Friedrich III. HRR (1415–1493) mit seiner Mutter, Cimburgis von Masowien (auf sie dürfte die »Habsburgerlippe« zurückgehen), dort wohnte und sie vom Zeitpunkt seiner Krönung im Jahr 1452 bis zu seinem Tod als offizielle Residenz nutzte. Zwischen 1440 und 1460 wurde in der Festungsanlage die St.-Georgs-Kathedrale, die seit 1479 dem heiligen Georg geweiht ist, errichtet.

Auch Maximilian I. HRR (1459–1519) hielt später häufig Hof in der Wiener Neustädter Burg, in der er als Kind von Kaiser Friedrich III. und Eleonore Helena von Portugal im Jahr 1459 zur Welt gekommen war.

Nach einer fast zweijährigen Belagerung durch die Ungarn unter König Matthias Corvinus wurde Wiener Neustadt 1487 erobert, woraufhin Friedrich III. mit seiner Familie nach Linz floh. Die Stadt kam erst wieder 1490 unter Maximilian I. unter die Herrschaft der Habsburger. In dieser Zeit gelangte auch der Corvinusbecher aus dem

Jahr 1462 in die Stadt, der im örtlichen Museum zu besichtigen ist. Es handelt sich dabei um einen Prunkpokal aus vergoldetem Silber, der sowohl das Monogramm von Matthias Corvinus als auch die Vokalreihe AEIOU von Friedrich III. trägt.

Im 16. Jahrhundert verlor Wiener Neustadt an Bedeutung, erfüllte aber dennoch weiterhin seine ursprüngliche Funktion als Bollwerk gegen den Osten und hielt den einfallenden Türken und Kuruzen stand. Danach erlangte die Stadt erst wieder 1751 einen größeren Stellenwert, als Maria Theresia in der kaiserlichen Burg ein adeliges Kadettenhaus einrichten ließ. Der Befehl der Kaiserin an den ersten Kommandanten Feldmarschall Leopold Josef Graf Daun lautete: *Mach' er mir tüchtige Officirs und rechtschaffene Männer darauß.*

Die Theresianische Militärakademie, kurz MilAk, besteht mit nur kurzen Unterbrechungen bis heute und ist als Ausbildungsstätte für Offiziere weltweit die älteste Einrichtung dieser Art.

In der Verfassung der kaiserlich königlichen Militärakademie zu Wiener Neustadt von 1830 stand unter anderem geschrieben:

Der grosse von einer Mauer umschlossene 534 415 Quadrat-Klafter Flächenraum enthaltene Garten, gewährt hinreichend Platz für die der Jugend so nöthige Bewegung, welche ausser dem gewöhnlichen Exerciren und den verschiedenen Spielen auf eigenen, jeder Classe angewiesenen Plätzen, durch das tägliche Spazierengehen, (im Winter-Curse ein- und im Sommer-Curse zwey-mal des Tages) erzweckt wird.

Die Nahrung besteht in einer Semmel zum Frühstück, vier Speisen zu Mittag, einer Semmel zum Nachmittagsbrote, und zwey Speisen des Abends

Die Kleidung besteht in einer grau melirten Uniform, mit pompadour-farbenem Kragen, gleichen Aufschlägen und gelben Knöpfen ...

Die Leibwäsche wird im Sommer wöchentlich zwey Mahl, im Winter ein Mahl, die Bettwäsche in jedem Monat gewechselt, und hierbey auf vollständige Reinigung ein besonderes Augenmerk gerichtet ...

Nebstbey benützen auch die Lehrer jede bey ihren Vorträgen sich darbiethende Gelegenheit, um der akademischen Jugend Grundsätze wahrer Religiosität, Sittlichkeit, Rechtschaffenheit, Menschenliebe, Dankbarkeit und ehrfurchtsvoller Anhänglichkeit an den Landesfürsten und dessen erhabenes Haus, so wie die Grundsätze der ächten Va-

Vor der MilAk in Wiener Neustadt, in der Offiziere ausgebildet werden, treiben die Geister von Friedrich III. und Maximilian I. ihr Unwesen.

terlandsliebe, des hohen Ehrgefühls, der Tapferkeit, und der dem Militärstande so nöthigen Subordination schon frühzeitig auf das sorgfältigste einzuprägen …

Im Zweiten Weltkrieg durch Bomben weitgehend zerstört, wurden Burg und St.-Georgs-Kathedrale nach dem alten Vorbild wiederaufgebaut.

Seit 1997 wird an der MilAk zusätzlich der Fachhochschul-Studiengang »Militärische Führung« angeboten, der auch von Zivilisten besucht werden kann. Angeschlossen sind außerdem ein Bundesoberstufenrealgymnasium (Militärrealgymnasium) und ein Bundesrealgymnasium für Berufstätige (zeitverpflichtete Soldaten).

Das Wappen der Akademie geht auf die mystische Signatur von Friedrich III. zurück, die er an etlichen Gegenständen wie zum Beispiel auf dem Tafelgeschirr, auf Münzen und an seinem Prunkwagen wie auch auf Büchern und etlichen Bauwerken im ganzen Land hinterließ. In die Vokalreihe AEIOU, die er erstmalig nach seiner Rückkehr aus dem Heiligen Land im Jahr 1437 in verschlungenen Kleinbuchstaben niederschrieb, wurden jahrhundertelang die verschiedensten Bedeutungen hineininterpretiert. Am wahrscheinlichsten ist ein simpler Besitzanspruch, was durch Friedrichs Worte auf der ersten Seite seines Notizblockes untermauert wird: *Bei welchem Bau oder auf welchem Silbergeschirr oder Kirchengewand oder anderen Gegenständen der Strich und die fünf Buchstaben stehen, das ist mein, Herzog Friedrichs des Jüngeren, gewesen oder hab das selbst bauen oder machen lassen.*

Friedrich ordnete sogar an, die Vokalreihe in den Mammutknochen zu ritzen, den man beim Bau des Stephansdoms in Wien ausgegraben und für den Knochen eines Riesen gehalten hatte – eine Geste, die jedenfalls mehr mit Besitzanspruch zu tun hat als mit einer geheimen Symbolik oder politischen Botschaft.

Ebenso sind die Siegelringe der Absolventen der MilAk mit der geheimnisvollen Signatur gekennzeichnet, so wie es Maria Theresia im Jahr 1751 angeordnet hatte.

Friedrich III. selbst ist in Form eines Standbilds auf der Wappenwand, angebracht an der Ostseite der St.-Georgs-Kathedrale, zu sehen. Umgeben ist er dort von den 14 Wappen der österreichischen Erblande sowie von 93 Fantasiewappen. Dieses Prestigeobjekt, das einst die Herrschaft über den Besitz demonstrierte, deutet darauf hin, dass die Kathedrale ursprünglich als Grablege für Friedrich III. gedacht war. Tatsächlich ruhen die Gebeine des immerhin 78 Jahre alt gewordenen Kaisers, der in Linz an der Folge einer Fußamputation verstarb, geschwächt von heftigem Durchfall nach dem Genuss von Melonen, im Stephansdom.

Der Kaiser zog nach seiner Krönung zum Kaiser die Burg in Wiener Neustadt der in Wien vor, da man ihn in der österreichischen Hauptstadt wenig freundlich empfangen hatte.

Er verwahrte dort wertvolle Bücher wie etwa die Wenzelsbibel und die Goldene Bulle von Kaiser Karl IV. aus dem Jahr 1356. Seine größte Leidenschaft galt jedoch dem Anhäufen von Gold, Silber und Edelmetallen, die der als Geizkragen verrufene Herrscher so günstig wie möglich im In- und Ausland erstand. Allein Friedrichs Gewand und Schmuck soll eine Million Gulden wert und sein ganzer Stolz gewesen sein. Er verbrachte angeblich viele Stunden damit, in seinem Schatz zu wühlen und über den Erwerb neuer Kostbarkeiten nachzudenken.

Aber immer nur eines nach dem anderen, denn Friedrich III. galt als geistig schwerfällig.

Böse Zungen behaupten, der Monarch wäre von der Gier nach wertvollen Gegenständen so besessen gewesen, dass er darüber die Welt um sich herum vergaß, die er ohnehin nicht wirklich leiden konnte. Er galt als wortkarger und lethargischer Eigenbrötler, leidenschaftlicher Nichttänzer, Langschläfer und Anti-Alkoholiker und nahm keinerlei Anteil an den bedeutenden Ereignissen seiner Zeit – so war ihm selbst die Entdeckung Amerikas durch Kolumbus im Jahr 1492 relativ egal.

Allerdings zeigte Friedrich III. großes Interesse an Astronomie und Astrologie, ließ sich nicht nur einen Beobachtungsort, sondern auch eine Werkstätte mit speziellen Geräten einrichten. Das Instrumentarium umfasste neben klassischen astronomischen Instrumenten auch Klappsonnenuhren, Kompasse, ein Meteoroskop (Messgerät zum Verfolgen von raschen Vorgängen am Himmel) und einen Brennspiegel. Nach Wiener Bauart wurden für den Kaiser außerdem sogenannte »Säulensonnenuhren« hergestellt und ein Sonnenquadrant angefertigt. Einige dieser Gegenstände aus dem Besitz des Kaisers sind in den Wunderkammern des Kunsthistorischen Museums zu besichtigen.

Friedrichs Sohn Maximilian I., einer der populärsten habsburgischen Regenten überhaupt, wurde vor allem durch seine an Gesellschaftsspiele erinnernden Heiratsallianzen bekannt und dafür, dass er keine kriegerische Auseinandersetzung scheute – immerhin führte er innerhalb von 40 Jahren 25 Feldzüge. Seine Vorliebe für Turniere und seine ausgezeichneten Reitkünste trugen ihm den Beinamen »der letzte Ritter« ein – auf dem Pferd machte der Kaiser jedenfalls eine bessere Figur als auf dem Thron, denn seine staatsmännischen Fähigkeiten waren begrenzt.

Seine Mutter Eleonore Helena wollte nicht, dass aus ihrem Sohn ein ebensolcher menschenscheuer Geizhals und Ehemuffel wurde, wie sein Vater einer war. Sie erzählte ihm daher nächtelang alte portugiesische Heldensagen und träumte mit ihm vom malerischen Ritterleben in einer heilen, magischen Welt. Der kleine Max schwor sich damals, stets die höfischen Ideale und Ziele, Minne, Abenteuer und

Mannhaftigkeit, hochzuhalten und über die Gegebenheiten des Alltags zu stellen.

Vielleicht verliebte er sich deshalb als 16-Jähriger über beide Ohren in die nicht standesgemäße Rosina von Kraig, die mit ihrer Schwester Sigune als Gesellschafterin der Kaisertochter Kunigunde an den Wiener Neustädter Hof geholt worden war. Die Spielgefährtin seiner kleinen Schwester konnte Maximilian jedoch nicht heiraten, wenn er dem alten römisch-deutschen Kaiserreich wieder zu einstigem Glanz verhelfen wollte. Zerrissen zwischen Liebe und Ehre, im Zwiespalt von Gefühl und Kalkül, entschied er sich schweren Herzens für die Verantwortung gegenüber seinem Land und ehelichte im Jahr 1477 Maria, die Erbin von Burgund. Doch letztlich blieb Maximilian sich doch treu, da er für seine Frau schon bald zärtliche Gefühle entwickelte – was unter Umständen daran liegen mag, dass er gegen seinen Konkurrenten Ludwig XI. von Frankreich um sie kämpfen musste. Schon alleine dieser Umstand dürfte sein Blut in Wallung und die Romantik in ihm entfacht haben.

Über der Idealisierung des romantischen Ritterlebens geriet bei dem jungen Mann allerdings das Lernen ein wenig in Vergessenheit, weshalb Maximilian zeit seines Lebens äußerst mangelhaftes Latein sprach – was ihn selbst wenig störte, die, die ihn nicht verstanden, dafür umso mehr. Eleonore, die frustriert in der zugigen Wiener Neustädter Burg saß, verhätschelte den Jungen nach Leibeskräften und beklagte sich bei jeder Gelegenheit über ihren Gatten. Sie hatte längst die Nase voll von dem »geizigen, ungehobelten Steirer«, weshalb Vater und Sohn letztlich zu regelrechten Feinden wurden. Maximilian ließ Friedrich sogar ausspionieren, unter anderem um mehr über seinen sagenhaften Reichtum zu erfahren.

Der Nachfolger auf dem Kaiserthron galt außerdem als manischer Selbstdarsteller, der ein Leben lang an seiner eigenen Legende arbeitete. Vermutlich aus diesem Grund zeugte Maximilian I. etwa 70 Nachkommen. Oder bestieg als selbst ernannter »des Heiligen Römischen Reiches oberster Erzjägermeister« mit auffälliger Bekleidung und im richtigen Licht in Szene gesetzt die Tiroler Martinswand zur Gämsenjagd – wenn sich genügend Besucher im nahe gelegenen Schloss Martinsbühel (heute ein Kloster) aufhielten und ihn die Damen und

Herren von dort aus gebührend bewunderten. Im westlichen Teil der Wand liegt die Kaiser-Max-Grotte, in welcher der kaiserliche Held Zuflucht gesucht haben soll, als er sich einmal während eines seiner Auftritte am Berg verstieg.

Einmal hatte er auch die glorreiche Idee, sich zum Mitarbeiter des Papsts ernennen zu lassen, eventuell selbst als Oberhaupt der katholischen Kirche zu fungieren, und tat kund: »Es gibt nur einen, der mehr gelitten hat als Jesus: mich.« Mit dieser Aufgabe klappte es dann erstaunlicherweise aber doch nicht, was unter anderem an seiner Unfähigkeit lag, Dinge zu Ende zu bringen.

Doch er wollte doch so gerne berühmt werden! Der Kaiser gab daher den letzten Gulden der chronisch leeren Staatskasse aus, um in die Geschichte einzugehen, ließ zu Propagandazwecken Schaumünzen prägen und Papierplakate drucken und diese im Volk verteilen – ebenso wie er gezielt Geschichten und Lieder über seine Tapferkeit und seinen Erfolg bei Frauen verbreiten ließ. Maximilians Mitmenschen mussten sich beinahe verfolgt fühlen, da sie das Antlitz ihres Herrschers inklusive Höckernase und Wallemähne auf Schritt und Tritt begleitete.

Er verfasste außerdem unter anderem ein autobiografisches Ritterepos mit dem Namen »Weißkunig«. Bezeichnenderweise steht darin zu lesen: *Wer ime im leben kain gedechtnus macht, der hat nach seinem tod kain gedechtnus, und demselben menschen wird mit dem glockendon vergessen.* Das bedeutet so viel wie: Wer sich im Leben nicht im Gedächtnis der Menschen verankert, bleibt nach seinem Tod niemandem im Gedächtnis und wird mit dem Glockenton (vermutlich ist die Sterbeglocke gemeint) vergessen. In dem Werk wird beispielsweise über die Tatsache berichtet, dass Maximilian im Jahr 1513 in der Schlacht von Guinegate nach dem Sieg über die Franzosen auf dem Schlachtfeld vor Erschöpfung zusammenbrach und dort inmitten der Leichen einschlief.

Auf der anderen Seite stand der Herrscher dem humanistischen Gedankengut ebenso aufgeschlossen gegenüber wie feudalhöfischen Traditionen. Er interessierte sich außerdem für technische, wissenschaftliche und künstlerische Neuerungen und pflegte persönlichen Kontakt mit Malern, Dichtern und Musikern.

Pathetisch heißt es: Als letzter Ritter des Abendlandes im Mittelalter verwurzelt, stieß er als erster Kaiser der Neuzeit das Tor zur Renaissance auf!

Maximilian, zu Frauen galant und zu Getreuen charmant, pflegte aber auch seinen Ruf als Rabauke und war außerdem als Schnorrer verschrien: Klopfte er mit seinem Gefolge an ein Stadttor, wurde er zwar meistens eingelassen, allerdings wussten alle, dass er Logis und Zeche für sich und seine Mannen nicht zahlen würde. Sein mangelndes Talent bei Geldgeschäften hatte zur Folge, dass er den Bank- und Handelshäusern, die in der Renaissance eine erste Hochblüte erlebten, schon bald völlig ausgeliefert war. Wollte er bei offiziellen Anlässen protzen, musste er häufig seine Prunkrüstung erst aus dem »Pfandl« (Pfandleiher) holen, bevor er sie anlegen konnte.

Auf die Etikette pfiff Maximilian, höfischer Anstand war ihm fremd und die Hofburg gefiel ihm nicht. Der Kaiser liebte die gute Luft der Tiroler Berge und wollte ursprünglich auch dort beerdigt werden. Er reiste zwei Jahre vor seinem Tod noch einmal nach Innsbruck, um den Bau seines Grabmals zu überwachen, wurde aber wegen dramatischer Schulden nicht in die Stadt eingelassen. Dieses bedeutende Monument in der Hofkirche, das von Maximilians Enkel, Ferdinand I., fertiggestellt wurde, zeugt von der häufigen Anwesenheit des Habsburgers ebenso wie seine Stiftung »Goldenes Dachl«.

Körperlich schon geschwächt und offenbar demütig geworden, vielleicht auch ein wenig dement, verfügte Maximilian I., man möge seiner Leiche das Haar abschneiden und die Zähne ausbrechen, den toten Körper geißeln und diesen danach in Wiener Neustadt beisetzen. Er ruht in der St.-Georgs-Kathedrale, die sich in der Mitte der MilAk befindet. Seinen Sarg führte er sicherheitshalber schon zu Lebzeiten mit sich. Das Herz des Lebemanns wurde entfernt und in einer Kapsel nach Brüssel überstellt, wo man es neben den Gebeinen seiner Ehefrau, Maria von Burgund, bestattete.

Zur Ruhe kommen Vater und Sohn aber nicht, so das Medium Isabella Ambichl-Fischhof.

»Ich bin einmal auf dem Weg zu einer Bekannten abends an der Akademie vorbeigegangen und da haben mich Friedrich III. und Maximilian I. angesprochen und gute zehn Minuten lang mit Beschlag belegt. Beide Kaiser wandern offenbar permanent vor dem Gebäude herum, der Vater mit einer Art Messgerät oder Kompass, zeitweise völlig verwirrt und orientierungslos wirkend, und der Sohn wie eine Mumie oder ein Zombie, mit von sich gestreckten Armen und offenem, zahnlosem Mund. In der MilAk wagen sie nicht zu erscheinen, obwohl sie die Burg als ihr Zuhause bezeichnen. Aber sie mögen den schneidigen Tonfall nicht mehr, wollen im Tod nur leise, sanfte Geräusche hören.

Friedrich steigt fast jede Nacht aus der Wappenwand, marschiert dann durch die Anlage auf die Straße hinaus und sucht nach seinem Reichtum, weiß aber genau, dass er ihn nicht findet. Und sein Sohn Maximilian erhebt sich auch regelmäßig aus seinem Grab und begibt sich nach draußen. Er kann zwar ebenfalls mit mir Kontakt aufnehmen, mir aber nicht erklären, warum er spukt und nicht zur Ruhe kommt. Sein Vater, der ganz gerne länger mit mir plaudert, behauptet, dass er wohl seinen Lebenswandel bereue – er soll ja Unmengen von Affären gehabt und extrem schlecht gewirtschaftet haben. So zerzaust, wie er historisch beschrieben wird, wirkt er auf mich gar nicht.

Mir hat auch meine Bekannte, die in der Nähe der MilAk wohnt, bestätigt, dass sie die beiden öfter sieht. Schlimm ist nur, dass auch einige der Bewohner die Anwesenheit der Geister spüren dürften, jedenfalls behauptet das Friedrich, der ein schlechtes Gewissen wegen der vielen Selbstmorde hat. Er behauptet, dass sich die Männer nicht aufgrund des harten Drills oder anderen von den Medien angegebenen Gründen in der Lehranstalt umbringen, da es seiner Meinung nach dort sehr ›ruhig und freundlich‹ zugeht, sondern wegen des Spuks, der sensible Menschen auf Dauer psychisch fertigmache. Beide betonen, dass sie sich nie in der Militärakademie aufhalten, weil sie wissen, dass sie unter Umständen großen Schaden anrichten würden. ›Und die würden uns dort auch nicht haben wollen‹, meint Friedrich.

Dennoch wollen sie ihr Zuhause nicht verlassen und bleiben bis in alle Ewigkeit in ihrer Burg, der eine auf der ziellosen Suche nach seinem Schatz, der andere als reuiger Sünder. Wenn die zwei das bereits beschlossen haben, kann ich daran leider nichts ändern.«

»Das Vaterland«, am 22. Mai 1880: *Der Zögling der Militärakademie in Wr. Neustadt, Rudolph K., ein 22jähriger Mann, der erst kürzlich die Officiersprüfung mit sehr gutem Erfolg abgelegt hat, ... sich im Garnisonsspitale Nr. 1, wo er sich zur Heilung befand, eine Schnittwunde am Halse beigebracht, an deren Folgen er wenige Stunden später verstarb.*

»Volksblatt für Stadt und Land«, am 30. September 1897: *In der Wiener Neustädter Militärakademie stürzte sich gestern Vormittag der Zögling S. des zweiten Jahrganges, Sohn eines Oberstlieutenants, vom zweiten Stockwerke in den Akademiehof hinab und blieb sofort todt. Es ist dies innerhalb kurzer Zeit der zweite Selbstmord eines Zöglings in der Akademie.*

»Neue Warte am Inn«, am 6. November 1897: *Nachrichten aus Niederösterreich: Der Zögling des zweiten Jahrgangs der hiesigen Militärakademie Oskar Stadler, Sohn eines Reserve-Oberstlieutenants, hat sich erschossen. Es ist dies der dritte Selbstmord eines Zöglings im Laufe dieses Semesters.*

»Reichspost«, am 29. Juli 1898: *Auf dem Bahnkörper bei Wiener Neustadt wurde am 26. ein unbekannter Mann bewußtlos aufgefunden, welcher von der Locomotive eines Zuges beiseite geschleudert worden war. Dieser Mann hatte bereits am selben Tage Vormittags in der Schwimmschule der Militärakademie einen Selbstmordversuch unternommen, doch wurde der Zögling gerettet. Er scheint sodann auf den Bahnhof gegangen zu sein, um sich auf die Schienen zu legen und den Tod zu finden, was ihm jedoch auch hier nicht gelang.*

»Österreichische Land-Zeitung« am 3. Oktober 1914: *Der Zögling des 2. Jahrgangs der Militärakademie Wr. Neustadt, Rudolf Maschek, hat sich vergangenen Samstag abends auf der Ruine Emmerich erschossen, nachdem er zuvor im nahen Gasthofe »zur Teichmühle« ein frugales Abendmahl verzehrt hatte ...*

»news.at«, am 18. Februar 2001: *Der 22-jährige Fähnrich Andreas E. hat in seiner Unterkunft in Ottenschlag im Waldviertel Selbstmord ver-*

übt. … Der Fähnrich sperrte sich in sein Badezimmer ein und schoss sich mit einem Sturmgewehr in den Kopf. Der junge Offiziersanwärter war auf der Stelle tot. … Er war Angehöriger des dritten Jahrgangs der Militärakademie Wr. Neustadt und wäre im Mai dieses Jahres als Jägeroffizier zur Garde ausgemustert worden …

Ober-österreich

Kaiservilla
4820 Bad Ischl, Jainzen 38

Elisabeths Geisterweg

Bei der Kaiservilla in Bad Ischl handelte es sich ursprünglich um eine Biedermeiervilla, die sich im Besitz eines Notars und eines Arztes befand, ehe sie von Erzherzogin Sophie am 24. September 1853 um 31.440 Gulden als Hochzeitsgeschenk für ihren Sohn, Kaiser Franz Joseph I., und seine Gattin Elisabeth erworben wurde. Die Habsburger pflegten zu diesem Zeitpunkt bereits seit langer Zeit eine innige Beziehung zu Bad Ischl.

Die Geschichte der Gemeinde reicht bis ins 4. Jahrhundert v. Chr. zurück, als »Iscula« von den Kelten besiedelt war. Von ungefähr 15 bis 480 n. Chr. gehörte die Stadt zur römischen Provinz Noricum Ripense. Ab 1192 hieß der Kurort offiziell »Ischl«, das »Bad« kam erst im Jahr 1906 hinzu.

Um die gewinnbringende salzige Schatzkammer in den Bergen zu inspizieren, besuchten Ischl ab dem 13. Jahrhundert unter anderem die Kaiser Albrecht I., Maximilian I., Ferdinand I. und Leopold I. Weitere gekrönte Häupter wie Franz II. und dessen Sohn Ferdinand reisten ab Anfang des 19. Jahrhunderts an, weil sie die heilende Wirkung der kurz zuvor entdeckten Salzquellen testen wollten. Das sogenannte »Ischler Wasser« und sogar die »Ischler Luft« wurden damals in Flaschen abgezogen und weltweit verschickt.

Die Kaiser, die sich in jener Zeit zum Kuren einfanden, nahmen dafür eine lange Reise in Kauf, die von Wien in das abgelegene Gebirgsstädtchen mit Kutsche und Schiff mehrere Tage dauerte und äußerst beschwerlich war.

Und Erzherzogin Sophie, die fünf Fehlgeburten hatte und nach der darauffolgenden Kur in Bad Ischl nacheinander mehrere Söhne gebar (die aufgrund dieser Tatsache »Salzprinzen« genannt wurden), wählte diesen Ort, um ihren Erstgeborenen zu verkuppeln. Franz Joseph war zu diesem Zeitpunkt im Alter von 23 immer noch unverheiratet – somit kam er für damalige Zeiten einem »Ladenhüter« gleich.

Eilig dürfte er es mit dem Heiraten schon gehabt haben, wie der Zeitung »Der Humorist« vom 17. August 1853 zu entnehmen ist: *Se. Maj. der Kaiser hat die Reise nach Ischl in der bewundernswürdigen kurzen Zeit von 15 Stunden zurückgelegt und dadurch Ihre k. k. Hoheit Frau Erzherzogin Sophie um so mehr überrascht …* Franz Joseph erreichte die Stadt am 14. August gegen 17 Uhr, kehrte jedoch wieder um und fuhr seiner Mutter entgegen, die noch unterwegs war – vielleicht, um die Vorbereitungen für das Rendezvous zu besprechen oder sich Tipps zu holen.

Auf der Suche nach einer geeigneten Braut hatte die Erzherzogin die 19-jährige Helene aus dem Haus Wittelsbach, die Tochter ihrer Schwester Ludovika in Bayern, nach Ischl eingeladen, die als Schwiegertochter infrage kam. Quartier genommen wurde im Grand Hotel Tallachini, später Hotel »Kaiserin Elisabeth«, heute ein Wohngebäude mit dem »Cafe-Bar-Restaurant Sissy« in der Pfarrgasse 2.

Doch der junge Kaiser machte den drei Damen, die alles eingefädelt hatten, einen Strich durch die Rechnung und verliebte sich spontan in Helenes Schwester, die 15-jährige Elisabeth, die mitgenommen worden war, um sie von einer Schwärmerei für einen nicht standesgemäßen Burschen abzulenken. Am 18. August 1853, an seinem Geburtstag, hielt Franz Joseph im Haus des Bürgermeisters Wilhelm Seeauer, des Sommerquartiers von Franz Karl und Sophie (heute Museum der Stadt Bad Ischl, Esplanade 10), um die Hand seiner Cousine an. Diese stimmte – zögerlich, aber doch – einer Hochzeit zu und begann sich auch sogleich auf den imperialen Glanz in der österreichischen Hauptstadt zu freuen. Allerdings hatte bei dieser Einwilligung bestimmt auch Sisis Mutter die Hände im Spiel, die möglicherweise gesagt hat: »Dem Kaiser von Österreich gibt man keinen Korb, du heiratest ihn!«

Am folgenden Tag war das Brautpaar in Hallstadt dinieren, am Abend feierte die ganze Stadt mit den beiden jungen Menschen: Tausende Lampen und Kerzen, Lampions in den österreichischen und bayerischen Farben erhellten die Straßen, und jenseits des Flusses leuchtete vom Siriuskogel das mithilfe bunter Lampen gezeichnete Bild eines griechischen Tempels, in dem die von einem Brautkranz umgebenen Initialen FJ und E zu sehen waren.

Das »Fremden-Blatt« berichtete am 25. August 1853: *Die gestrige »Wiener Ztg.« Meldete an der Spitze ihres amtlichen Theiles: Se. k. k. apostolische Majestät unser allergnädigster Herr und Kaiser haben während Allerhöchst Ihres Aufenthalts zu Ischl Ihre Hand der durchlauchtigsten Prinzessin Elisabeth Amalie Eugenie, Herzogin in Baiern, Tochter Ihrer k. Hoheit des Herzogs Maximilian Josef und der Herzogin Ludovika, geborenen k. Prinzessin von Baiern, nach eingeholter Zustimmung Sr. Maj. des Königs Maximilian II. von Baiern so wie der durchlauchtigsten Eltern der Prinzessin-Braut, anverlobt. Der Segen des Allmächtigen möge auf diesem für das Allerhöchste Kaiserhaus und das Kaiserreich beglückenden, freudenvollem Ereigniß ruhen.*

Die verschmähte Helene war übrigens nur kurz beleidigt und heiratete später einen Fürsten von Thurn und Taxis.

Sisi, die sehr unbeschwert aufgewachsen war und im Sommerschloss der Familie in Possenhofen am Starnberger See als kleiner Wildfang mit Bauernkindern gespielt hatte, ahnte zu diesem Zeitpunkt noch nichts von der hölzernen Etikette am Wiener Hof, hatte keine Ahnung von der Last der Krone und dem Leben nach strengem Protokoll, das sie erwartete. Vielleicht hätte sie sich anders entschieden, wenn sie gewusst hätte, dass sie bereits wenige Jahre später wehmütig auf die in Freiheit verbrachte Jugend in Bayern wie auf ein verlorenes Paradies zurückblicken würde.

Später verfasste Elisabeth, die gerne leger und unerkannt unterwegs war und es hasste, »im Geschirr« zu sein, so manch bitterbösen Reim auf ihre Repräsentationspflichten:

Ich wollt', die Leute liessen mich
In Ruh' und ungeschoren,
Ich bin ja doch nur sicherlich
ein Mensch, wie sie geboren.

Es tritt die Galle mir fast aus,
wenn sie mich so fixieren;
Ich kröch' gern in ein Schneckenhaus
Und könnt vor Wut krepieren.

So verließ das Mädchen am 20. April 1854 unbekümmert seine Heimat und fuhr mit einer Mitgift von 50.000 Gulden im Gepäck mit dem blumengeschmückten Express-Raddampfer »Franz Joseph I.« nach Wien, um ihrem Bräutigam vier Tage später in der Augustinerkirche das Ja-Wort zu geben.

Nachdem die Kaiservilla in Ischl in den Besitz von Kaiser Franz Joseph übergegangen war, wurde sie im neoklassizistischen Stil um- und ausgebaut, die beiden dabei entstandenen Seitenflügel verliehen der Villa die Form eines »E«, was auf eine Hommage an Elisabeth hindeuten könnte. Der Kaiser ließ jedoch keine Küche einrichten, weshalb Köche die Speisen in einem Nebengebäude am Fluss zubereiteten, welche mehrere Servierdamen danach im Gänsemarsch in die Villa transportierten. 1860 wurde die Villa nach sechs Jahren Bauzeit endlich fertiggestellt – im Sommer hatten die Handwerker pausieren müssen, weil die kaiserliche Familie während ihres Aufenthalts ungestört sein wollte. In Schuss hielten den Ischler Monarchenhaushalt zahlreiche Bedienstete.

1879 wurde das Haus mit Telefonen und 1890 mit Elektrizität (später sogar Elektroheizung) versehen. Umgeben ist das Anwesen von einem prächtigen Park im englischen Stil, in dem sich vor dem Mitteltrakt ein wunderschöner Springbrunnen aus weißem Marmor befindet.

Franz Joseph verbrachte insgesamt 82 Sommer seines Lebens in dem luxuriösen Feriendomizil, in dem er 81 Geburtstage feierte und in der Funktion des Kaisers zahlreiche gekrönte Häupter empfing und feudal bewirtete – obwohl er Besuch häufig als Störung seines Jagdvergnügens bezeichnete. Hatten sich zu viele Gäste angesagt und befürchtete er eine dadurch genervte Gattin, wich er auf das Kurhaus (heute Theater- und Konferenzzentrum) aus. Ab Mitte der 1850er-Jahre regierte Franz Joseph in der schönen Jahreszeit die österreichische Monarchie von seinem Arbeitszimmer in der Kaiservilla aus und traf an seinem Schreibtisch so manch wichtige politische Entscheidung. Dort ereilten ihn allerdings auch etliche Hiobsbotschaften, beispielsweise die Nachricht von der Exekution seines jüngeren Bruders Ferdinand Maximilian im Juni 1867. In Ischl versuchte sich das Kaiserpaar 1889 über den Tod seines Sohnes Rudolf hinwegzutrösten, wofür es, um der bedrückenden Stimmung in Wien zu entkommen, sogar zwei Monate früher als sonst angereist war. In der Kaiservilla erholte sich Franz Joseph außerdem nach der Ermordung seiner Gattin 1898.

Ischl blühte trotz der Schicksalsschläge im Herrscherhaus zu jener Zeit mehr und mehr auf: In den Cafésalons debattierten Intellektuelle, Philosophen und Künstler, im »Ramsauer« verkehrten Karl Kraus und Franz Lehár, im »Attwenger« war häufig Anton Bruckner zu Gast und in der Konditorei »Zauner« wurden die Mehlspeisen für Franz Joseph und Sisi zubereitet. Am Abend gab es Theater- und Operettenaufführungen mit namhaften Stars auf der Bühne. Von der Weltuntergangsstimmung, die sich allmählich aufgrund politischer und sozialer Differenzen in Wien breitmachte, war im Salzkammergut nichts zu spüren – bis die Schüsse von Sarajevo der Idylle ein jähes Ende bereiteten.

Am 28. Juli 1914 unterzeichnete Franz Joseph I. in Bad Ischl, nachdem sein Neffe Franz Ferdinand exakt einen Monat zuvor ermordet worden war, in seinem Arbeitszimmer im Westflügel der Villa die Kriegserklärung an Serbien, woraus sich in der Folge der Erste Weltkrieg entwickelte. Ebenfalls in der Kaiservilla teilte der alte Kaiser zur selben Zeit seinem Nachfolger, Karl I., mit, dass er statt Franz Ferdinand den Thron erben würde.

Am 30. Juli desselben Jahres versammelte sich eine Menschenmenge auf dem Bad Ischler Bahnhof, um vom Kaiser Abschied zu nehmen – er fuhr gemeinsam mit dem neuen Kronprinzen Karl in einem Sonderzug nach Wien und … kam nie mehr wieder. In seinem Arbeitszimmer in der Kaiservilla befindet sich alles noch in der gleichen Anordnung wie am Tag seiner Abreise.

Nach Franz Josephs Tod erbte die Villa seine jüngste Tochter Erzherzogin Marie Valerie, die mit Erzherzog Franz Salvator aus der Linie Habsburg-Toskana verheiratet war. Die Hochzeit der beiden hatte am 31. Juli 1890 in der Ischler Pfarrkirche stattgefunden, wo 27 Jahre zuvor die Verlobung ihrer Eltern vom zuständigen Pfarrer gesegnet worden war. Heutiger Eigentümer der habsburgischen Sommerresidenz ist der Enkel des Paares, Markus Habsburg-Lothringen.

Kaiser Franz Joseph I. gestattete noch zu Lebzeiten die Besichtigung der Kaiservilla einschließlich seiner privaten Appartements, wenn er selbst sich nicht in der Residenz aufhielt. Seine Nachkommen haben diese Tradition insofern beibehalten, als Haus und Park nun während der Sommermonate zugänglich sind. Sie bieten heute noch denselben Anblick wie einst dem Kaiser und seiner Familie, wobei das Gebäude im Inneren von den meisten Besuchern als recht düster und durch die zahlreichen Jagdtrophäen des Kaisers als beklemmend empfunden wird.

Elisabeths Anwesenheit in Ischl wurde bis 1865 durch häufige Auslandsaufenthalte unterbrochen, doch ab diesem Zeitpunkt hielt sie sich bis zu ihrem Tod fast jedes Jahr in der Kaiservilla auf. Nicht immer konnte sie dort allerdings ihre eigenen Interessen verfolgen oder Familientreffen veranstalten, sondern musste bei hohem Besuch die erlauchten Damen unterhalten, während die Herren Politik machten. In ihrer Freizeit zog sie sich entweder in ihr Turmzimmer zurück, absolvierte ihre Gymnastikübungen im Roten Salon oder trank Tee im oberhalb der Villa gelegenen Cottage (heute Marmorschlössl), wo sie auch die meisten ihrer in Ischl entstandenen Gedichte verfasste. Wie sie es sich gewünscht hatte, wurden diese 60 Jahre nach ihrer Hinterlegung im Jahr 1951 veröffentlicht.

Nur selten lustwandelte Sisi im Park, saß am Schreibtisch oder schoss auf Gämsen und Hirsche wie ihr Gatte, viel eher hetzte sie im Stechschritt durch die Natur, was ihre Hofdamen nicht selten zur Verzweiflung trieb. Häufig hatten die Damen in langen Röcken und mit hohen Stöckelstiefeln als treue Gefährtinnen der Kaiserin noch vor dem Frühstück den 834 Meter hohen und streckenweise sehr steilen Jainzen, von Elisabeth »Zauberberg« genannt, zu erklimmen. Bei schönem Wetter turnte Sisi auf den Waldlichtungen und zog sich nach einer Mini-Jause gerne in eine Almhütte zurück, um dort zu schreiben, zu zeichnen oder zu malen. Oft wanderte sie tagelang über hohe Gipfel und durch tiefe Schluchten, wobei sie sich häufig in Begleitung erfahrener Alpinisten befand, da ihre Hofdamen bei diesen Touren fast ausnahmslos streikten.

Auf ihren Spaziergängen nahe der Villa wandelte Elisabeth häufig auch auf den Fährten von Geistern und schrieb dabei Verse, Visionen und Botschaften aus dem Jenseits nieder, wobei ihr einige davon ihrer Meinung nach der verstorbene Dichter Heinrich Heine diktierte.

Auch Anfang Juli 1898 kam Sisi nach Ischl, sie plante einen Besuch bei ihren Wittelsbacher Verwandten, danach sollte die Reise über Bad Nauheim, wo sie ein Herzleiden auskurieren wollte, in die Schweiz führen. Am Tag ihrer Abreise, dem 15. Juli, wanderte sie zum letzten Mal mit Franz Joseph durch den Park – und ihr gemeinsames Leben endete, wo es 45 Jahre zuvor begonnen hatte, denn Elisabeth kehrte nicht mehr nach Ischl zurück. Die Kaiserin wurde am 10. September in Genf ermordet, von dem Italiener Luigi Lucheni, einem 25-jährigen Anarchisten, der ihr eine dreikantige zugespitzte Sägefeile ins Herz rammte. Der Einstich war so klein, dass er zunächst nicht bemerkt wurde. Elisabeth erhob sich nach dem Attentat wieder, bedankte sich bei allen Passanten, die zur Hilfe geeilt waren, und unterhielt sich mit ihrer Hofdame über den Vorfall. Der Angreifer, der ursprünglich Prinz Henri Philippe d'Orléans ermorden wollte und sich dann anders entschieden hatte, wurde überwältigt und der Polizei übergeben. Erst einige Zeit später brach Sisi auf einem Schiff, das daraufhin umkehrte, zusammen. Sie erlangte das Bewusstsein nicht mehr wieder und verschied kurz darauf in ihrem Hotel »Beau Rivage« (in der heutigen Suite 119/120), in das man die sterbende Kaiserin gebracht hatte. Ihre letzten Worte vor der Ohnmacht waren angeblich: »Aber was ist denn mit mir geschehen?« Noch am Tag zuvor hatte sie beim Anblick einer weltberühmten Orchideenzucht vor Verzückung ausgerufen: »Ich wünschte, meine Seele könnte durch eine ganz kleine Öffnung in meinem Herzen in den Himmel entgleiten« – Worte, die von ihrer Hofdame später als Vorahnung gedeutet wurden.

Der »Feldkircher Anzeiger« vom 13. September 1898 schrieb: *Genf, 10. Sept., 3 Uhr 50 Min. Heute Nachmittag gab Ihre Majestät die Kaiserin einige Augenblicke nach der Rückkehr ins Hotel den Geist auf. …*

In Wien traf die Schreckensmeldung am 11. September nach 4 Uhr nachmittags ein. … *Zum Obersthofmeister Fürsten Liechtenstein sagte der Kaiser aufs tiefste erschüttert: Es ist nicht zu fassen, wie ein Mensch Hand anlegen konnte an eine Frau, die im Leben Niemandem Leides und nur Gutes gethan.*

Die auf ihren literarischen Spaziergängen immer ein wenig in anderen Sphären schwebende Sisi ist zwar in Genf gestorben, ihr Körper ruht an der Seite von Franz Joseph II. in der Kapuzinergruft, aber ein

Teil ihrer Seele scheint nach wie vor in Bad Ischl zu weilen – dort, wo sich die Kaiserin vom strengen Protokoll am Wiener Hof erholt hat und hin und wieder so etwas Ähnliches wie Privatsphäre genoss, dort, wo sie selbst nur allzu oft auf den Spuren der Toten wandelte.

Dabei beobachtet wurde Elisabeth von Willi und Gerda Gröde aus Bayern. Das Seniorenehepaar, 72 und 69 Jahre alt, besuchte im Sommer 2012 im Rahmen seines Aufenthalts in Bad Ischl auch die Kaiservilla.

»Wir sind beide hellsichtig, aber deshalb noch lange nicht übergeschnappt oder senil, wie einem oftmals unterstellt wird, wenn man an energetisch stark pulsierenden Orten Wesen aus dem Jenseits spürt, sieht oder hört. Allerdings sind wir keine Medien und können leider keinen Kontakt aufnehmen, also selbst nicht mit ihnen kommunizieren.

Als wir zu Besuch in Bad Ischl waren, haben wir uns natürlich auch die wunderschöne Biedermeiervilla angesehen, in der Franz Joseph und Sisi ihre Sommer verbracht haben. Das Gebäude ist ja innen noch im Originalzustand, was uns sehr fasziniert hat – fast meinten wir schon, im Arbeitszimmer den Kaiser an seinem Schreibtisch sitzen zu sehen. Reines Wunschdenken, Franz Joseph hält sich garantiert nicht mehr dort auf, sonst hätten wir ihn bemerkt. Auch Sisi war nicht anwesend, was wir sehr bedauerten.

Am folgenden Tag wollten wir auf den Jainzen klettern, von Einheimischen war uns der gemütlichere Aufstieg über die Ostseite empfohlen worden. Wir starteten vormittags mit ausreichend Verpflegung im Gepäck und waren dankbar für die etwas kühlere Witterung mit prognostizierten Tageshöchstwerten um die 25 Grad.

Etwa in der Mitte der Strecke passierte es dann: Wir sahen vor uns Elisabeth marschieren! Sie trug ein lilafarbenes Kleid und schwarze knöchelhohe Riemchenschuhe mit kleinen Absätzen. Ihr Haar war zu einem riesigen Knoten hochgesteckt, auf dem ein kleiner Hut mit einer schwarzen Feder auf der Seite saß. Mit den Händen raffte sie den unteren Teil des Kleides hoch, damit sie besser laufen konnte. Und obwohl sie wesentlich schneller war als wir – das sah man an den vielen kleinen raschen Schritten der Gestalt –, blieb sie über eine Strecke von rund 50 Metern im gleichen Abstand vor uns. Sisi hastete den Berg hoch, als würde sie verfolgt werden, drehte sich dabei mehrmals um und blickte dabei über uns hinweg nach hinten. Auch wir wandten uns daraufhin irritiert immer wieder um, doch auf dem Weg befand sich niemand außer uns – es ist natürlich möglich, dass die Kaiserin von den Geistern verfolgt wurde, die sie in ihrem Leben so oft herbeigerufen hatte. Wir konnten aber niemanden wahrnehmen. Einmal blieben wir stehen, um sie weggehen zu lassen. Doch obwohl Sisi weiterlief, blieb der Abstand zu uns derselbe. Zu hören waren in diesem Moment nur das Rascheln des Stoffes, den sie immer wieder zusammenraffte, das Knirschen der Steine unter ihren Schuhen und ein leises Schnaufen. Also gingen wir wieder weiter, um endlich ans Ziel zu kommen, da wir bis Mittag den Gipfel erreichen wollten. Und so plötzlich, wie die Gestalt vor uns aufgetaucht war, verschwand sie wieder.

Wir waren uns danach einig, dass wir am nächsten Tag zur kaiserlichen Sommerresidenz zurückkehren wollten, weil wir nun einen visuellen Kontakt hergestellt hatten. Und tatsächlich haben wir sie bei diesem Besuch vor der Villa sitzen und weinen gesehen. Leider konnten wir wie schon bisher keine telepathische Verbindung aufnehmen. Uns ist die verängstigte und traurige Elisabeth sehr zu Herzen gegangen – ein sehr armes Wesen, im Leben wie im Tod.«

Tirol

Geisterhaftes Trinkgelage in der Grotte

Im 10. Jahrhundert errichtet als Burg »ad umbras« (im Schattigen) auf 625 Meter Höhe an der heutigen südöstlichen Stadtgrenze von Innsbruck, kam Schloss Ambras im Jahr 1363 an die Habsburger.

Nach dem Tod der Görzerin Margarete von Tirol wurde die Festung in der Renaissance von Erzherzog Sigmund dem Münzreichen saniert und letztlich von Erzherzog Ferdinand II. (1529–1595), Sohn von Ferdinand I. und Bruder von Maximilian II., ab 1564 zum Prunkschloss ausgebaut.

Als begeisterter Verwalter seltener und wertvoller Dinge brachte Ferdinand beim Einzug seine als böhmischer Statthalter in Prag angelegte Sammlung mit nach Tirol. Diese hatte er auf Erbstücken aus dem Besitz seines Vaters und der Vorfahren Friedrich III. und Maximilian I. aufgebaut. Zuerst nur mit Geschenken erweitert, etwa mit der berühmten Saliera des florentinischen Bildhauers und Goldschmieds Benvenuto Cellini als Gabe des französischen Königs Karl IX., hat Ferdinand bald eigeninitiativ und leidenschaftlich die schönsten, interessantesten und wertvollsten *Kunststuckhe* zusammengetragen. Zahlreiche Agenten und Händler halfen bei der Beschaffung und erstanden so manches Schnäppchen aus Nachlässen von Adeligen.

Und so wurde Schloss Ambras Mitte des 16. Jahrhunderts ein bedeutender Standort der habsburgischen Rüst-, Kunst- und Wunderkammern mit Waffen, Harnischen, Gemälden, Handschriften, Drucken, Geschirr, Erfindungen, wissenschaftlichen Geräten, Musikinstrumenten, Kuriositäten, Naturalien, Exotica und Mirabilia (Unbekanntes oder Überraschendes). Darunter befanden sich beispielsweise das »Tödlein« (eine spätmittelalterliche Skelettfigur aus Birnbaumholz), Arbeiten aus Korallen, Perlmutt, Elfenbein oder Rhinozeroshorn, eine Schale von den Ryūkyū-Inseln im Ostchinesischen Meer oder ein Palmblattfächer, der in der Inventarliste als *indianischer windmacher von aim ganzen plat von aim paumb, ist zu baiden seiten drei zwerchfinger brait von allerlai laubwerch gemacht, der still daran ist khrump und rot angestrichen* beschrieben ist.

Für die Sammlung wurden eigens das südwestlich vom bewohnten Hochschloss gelegene Unterschloss und ein weiteres Gebäude weiter westlich errichtet. Außerdem schuf Erzherzog Ferdinand um 1570 unterhalb des Hochschlosses einen der künstlerisch bedeutendsten Saalbauten der Spätrenaissance, der seit dem 19. Jahrhundert »Spanischer Saal« genannt wird. Schon ab dem frühen 17. Jahrhundert wurden dort regelmäßige Führungen organisiert, um der regen Nachfrage von zum Teil prominenten Besuchern, wie beispielsweise Johann Wolfgang von Goethe, gerecht zu werden. Ab Mitte des 17. Jahrhunderts war das Schloss keine Residenz mehr und nur noch selten bewohnt, es diente in erster Linie militärischen Zwecken. Nach dem Aussterben der Tiroler Linie gelangten die Schätze zuerst an Erzherzog Ferdinands Neffen, Rudolf II. Doch durch mangelnde Konservierungsmaßnahmen fielen etliche Bücher, Manuskripte und vermutlich auch Handzeichnungen Feuchtigkeit und Insektenfraß zum Opfer. Leopold I. HRR, der nächste Besitzer der Kostbarkeiten, ließ den größten Teil der Sammlung daraufhin nach Wien transferieren. *Im J. 1773 wurde Johann Primisser – nachher rühmlich bekannt durch einige Schriften im Fache der griechischen Literatur – zum Schloßhauptmanne von Ambras ernannt. Sogleich begann er die Einrichtung der planlos durch einander gemengten Gegenstände, und gab im Jahre 1777 die erste, zwar nur im Allgemeinen abgefaßte, Beschreibung der Sammlung heraus;* So steht es geschrieben im Werk »Die kaiserlich-königliche Ambraser-Sammlung« verfasst im Jahr 1819 von Alois Primisser, Custos am k. k. Münz- und Antikenkabinette und der k. k. Ambraser-Sammlung zu Wien und Sohn von Johann Primisser.

Weitere Kleinode aus Schloss Ambras wurden 1806 vor den Franzosen in Sicherheit gebracht und ebenfalls in die österreichische Hauptstadt geschickt, der Rest folgte 1817.

In Innsbruck hat ab 1855 Erzherzog Karl Ludwig, ein Bruder von Kaiser Franz Joseph I. und damaliger Stadthalter von Tirol, den Herrschersitz wieder für Wohnzwecke ausgebaut. Einige Jahre nach Karl

Ludwigs Tod beschloss Thronfolger Franz Ferdinand, Ambras zu seiner Sommerresidenz zu machen. Er befahl 1913, einen Teil der wertvollen Sammlung seines Vorfahren zurückzubringen und mit umfangreichen Umbauten zu beginnen. Diese wurden jedoch aufgrund des Attentats von Sarajevo und des Ausbruchs des Ersten Weltkriegs nicht mehr fortgeführt. Nach dem Ende der Monarchie fiel der Bau im Jahr 1919 an die Republik Österreich. 1922 wurde das Schloss umfassend saniert, seit dieser Zeit ist im Schloss ein Museum untergebracht, dessen Leitung im Jahr 1948 das Kunsthistorische Museum Wien übernommen hat.

Von der Burg »ad umbras« ist heute nichts mehr erhalten, da diese im Jahr 1133 vom Welfen Heinrich dem Stolzen zerstört wurde. Palas, Bergfried und Kapelle stammen aus dem 13. und 14. Jahrhundert, als sich die Festung im Besitz der Görzer befand.

Der Schlosspark, der den Bau oberhalb des Stadtteils Ambras umgibt, weist seit den gestalterischen Eingriffen von Erzherzog Karl Ludwig einen englischen Stil auf und ist nur im Osten noch als Renaissance-Grünanlage erhalten. Zu Lebzeiten Erzherzog Ferdinands II. gab es in den dort vorhandenen Lustgärten Fischteiche, Vogelvolieren und Gartenhäuser. Zum Schloss gehörte außerdem ein großes Waldareal, das als Wildpark diente und mit dem künstlich angelegten Wasserfall und den Felsen, Schluchten und Brücken an den ursprünglichen Zustand erinnert. Im »Keuchengarten« (Keuche = Gefängnis; der Name entstand wohl in Anlehnung an den in unmittelbarer Nähe gelegenen Gefängnisturm des mittelalterlichen Hochschlosses) südlich des Spanischen Saals ist die in den Fels gehauene Bacchusgrotte zu besichtigen. Bacchus ist in der griechischen Mythologie der Gott des Weins und des Rausches, der bei seinem Feldzug gegen die Inder seine Gegner betrunken und damit kampfunfähig machte. In dieser Höhle wurde einst der Ambraser »Willkumb« – ein Trinkritual – zelebriert, bei dem die männlichen Gäste des fidelen Tirolers Ferdinand mit Wein gefüllte »gläserne Fässchen« und die Damen »Schiffchen« (auf Schloss Ambras mundgeblasen von Künstlern der Insel Murano) auf einen Zug leeren mussten. Festgehalten wurden sie dabei mit einer Eisenstange auf einem »Fangstuhl«, der den Trinkenden erst freigab, wenn der letzte Tropfen durch dessen Kehle geronnen war.

Der Erzherzog hatte bereits als Statthalter des böhmischen Königreichs legendäre höfische Feste auf der Prager Burg veranstaltet. Nach bestandenem Ritual trugen sich die Gäste des Erzherzogs mit einem Sinnspruch und ihrer Unterschrift in eines der Trinkbücher ein, die heute noch in den Ambraser Sammlungen erhalten sind. Auf diese Weise haben sich wichtige Persönlichkeiten der Zeit verewigt.

Die Bezeichnung *kunst- oder wunder … cämern*, wie Ferdinand die Kostbarkeiten in seinem 1594 verfassten Testament nennt, wurde im 16. Jahrhundert für Schloss Ambras geprägt und ist heute die älteste am selben Ort erhaltene Sammlung dieser Art.

Außerdem können in dem Museum die Habsburger Gemäldegalerie, darunter das älteste Porträt von Vlad III. Dracula und mehrere Gemälde des Haarmenschen Petrus Gonsalvus von Teneriffa (bis heute bezeichnet man die Krankheit übermäßiger Behaarung am Körper und im Gesicht, die Hypertrichose, als Ambras-Syndrom) und seiner Familie, sowie antike Skulpturen besichtigt werden. Darüber hinaus sind unter anderem der Spanische Saal, der Innenhof und die Kapelle für Besucher zugänglich.

Die Badestube der Philippine Welser, der bürgerlichen und daher heimlich angetrauten ersten Gattin von Erzherzog Friedrich II., gewährt Einblicke in die »Wellness«-Kultur des 16. Jahrhunderts – es gibt neben einer in den Boden eingelassenen Badewanne mit Sitzstufen auch einen Schwitz- und einen Ruheraum. Außerdem gab es hier mehrere Schaffe aus Kupfer sowie Becken aus Messing, »Lassköpfe« (Saugnäpfe) samt einem Fass für den Aderlass, ferner ein Laugenfass mit Sieb und Kellen aus Messing für die Haarwäsche.

Obwohl Philippine ihrem Ferdinand, den schon Maria Stuart und Maria Tudor als Ehemann im Visier hatten, zwei stramme Söhne gebar (zwei weitere Kinder, Zwillinge, starben kurz nach der Geburt), war sie nach Meinung seiner Verwandten nie gut genug für den Clan. Aus diesem Grund ließ der Erzherzog bereits zu Lebzeiten seiner Gattin um die Hand seiner zu diesem Zeitpunkt siebenjährigen Nichte, Anna Caterina von Gonzaga, anhalten. Er hätte zwar lieber Maximiliana, die Tochter seiner anderen Schwester, geheiratet, doch deren Mutter verweigerte die Zustimmung, da seine *sittlichen Ausschweifungen weit über die Grenzen Tirols bekannt seien.*

1580 starb Philippine Welser – und obwohl sie bereits zehn Jahre zuvor erkrankte und häufig an Fieberanfällen litt, gilt die Todesursache bis heute als unklar. Dem Tiroler Volksmund nach wurde die Dame des Hauses, die der Kaisersohn Ferdinand auf einer »Faschingsbelustigung« in Pilsen kennengelernt hatte, von ihrer Schwiegermutter in ihrer Badestube ermordet. Anna von Böhmen und Ungarn, eine in Bezug auf die Karriere ihres Sohnes sehr ehrgeizige Frau, soll einem Diener befohlen haben, der nicht standesgemäßen Philippine die Adern zu öffnen und sie verbluten zu lassen.

Nach dem Tod seiner geliebten Gattin erkrankte Ferdinand schwer, erholte sich jedoch schon bald. Im Jahr 1583 fand die Vermählung mit Anna statt, die ihn zum Vater von drei Töchtern machte, ihm aber keinen Sohn gebar, sodass Ferdinand II. von Tirol 1595 ohne legitime männliche Nachkommen und Erben starb. Er wurde in der von ihm errichteten Kapelle in der Innsbrucker Hofkirche, in der sich auch das leere Grabmal von Maximilian I. befindet, beigesetzt.

Der zeit seines Lebens vom Ungewöhnlichen faszinierte Erzherzog und Landesfürst von Tirol spukt allerdings nicht in Innsbruck, sondern in der Bacchusgrotte im Park von Schloss Ambras.

Es war im Jahr 2001, als sich eine Gruppe von Touristen aus Deutschland auf dem Areal befand, auf dem sich im 16. Jahrhundert der Tiroler Adel tummelte. Was zwei Damen und drei Herren aus einer Seniorenresidenz in Nürnberg damals im Park des herrschaftlichen Anwesens erlebten, erzählte die 74-jährige Maria abends im Hotel ihrem Tourguide Heinz Langer:

»Wir fünf haben uns draußen ein bisschen verplaudert und plötzlich waren unsere Mitreisenden schon viel weiter vorne und verschwanden aus unserem Blickfeld. Gerade als wir aufschließen wollten, vernahmen wir aus dieser Grotte leises Stimmengewirr, Gelächter und Gläserklirren. Zuerst dachten wir, da wäre eine Veranstaltung, doch nach einem Blick ins Innere mussten wir feststellen, dass sie leer war, obwohl wir die Geräusche immer noch hörten. Friedrich meinte dann, es handle sich um eine Klanginstallation zur Verdeutlichung des ursprünglichen Verwendungszwecks dieser Höhle.

Plötzlich erscholl eine alles übertönende laute Stimme, die rief: ›Ich, Friedrich, sage dir, Rosanna, sei mein guter Gast und trink. Sei mein guter Gast und genieß den Tropfen. Sei mein guter Gast und leere das Behältnis bis zum Boden, sodass kein Schluck darin verbleibe.‹ Danach vernahmen wir einen Chor, der ›Trink, trink, trink, …‹ grölte.

Friedrich fand das witzig und kreativ, Georg und Hans schauten ein wenig ratlos, Hermi und ich hatten einfach nur Gänsehaut. Wir gingen dann weiter und fragten später eine Angestellte im Schloss, was es mit diesen Geräuschen in der Bacchusgrotte auf sich habe. Die Dame blickte uns verwirrt an und versicherte uns daraufhin mehrmals, dass es keine Lautsprecher in der Höhle gebe und wir uns irren müssten. Friedrich wurde zornig und lief mit gezücktem Handy, mit dem er die Stimmen aufnehmen wollte, zurück in den Park. Wir anderen gingen zum Bus und holten uns eine Jause. Etwa 20 Minuten später kam unser Bekannter angelaufen und schüttelte frustriert den Kopf. Es war mucksmäuschenstill gewesen und kein einziger Ton erklungen.

Im Hotel hat uns eine junge Frau, die dort arbeitete und von ihrer Kollegin von unserem Erlebnis erfahren hatte, hinter vorgehaltener Hand zugeflüstert, dass ihr öfter Leute nach einem Aufenthalt im Park von solchen Vorfällen erzählten. Da sie sich für paranormale Phänomene interessierte, war sie einmal mit einem Geisterjäger in der Höhle, dem es im Verlauf der Untersuchung gelang, Stimmen auf Tonband aufzuzeichnen. Unter anderem erklang beim Abspielen ein gegröltes ›Trink, trink, trink, …‹. Mir ist es kalt den Rücken hinuntergelaufen, als ich das hörte.

Bis heute suche ich vergeblich nach einer Erklärung für unser Abenteuer in der Bacchusgrotte, rede auch oft mit Hermi darüber, doch letztlich werden wir nicht schlauer – wir müssen wohl einfach akzeptieren, dass es das Unerklärliche gibt.«

Auch der Volksmund spricht von seltsamen Vorkommnissen beim Schloss: Regelmäßig bei Vollmond kann man kurz nach Mitternacht vor Schloss Ambras ein Schleifgeräusch auf dem Boden hören, als würde der schwere Stoff eines langen Gewandes darübergezogen. Kurz darauf erscheinen ein Mann und eine Frau, beide schon alt, aber von edler Statur. Er trägt einen Spitzenkragen und Lederrock, sie ein langes purpurfarbenes Kleid und eine Kette mit funkelnden roten Edelsteinen. Die Köpfe aneinandergelehnt spricht der Mann: »Zerstäubt wie Spreu im Flug der Zeit, ist Würde, Pracht und Herrlichkeit. Nichts blieb, als nur wir zwei allein, verklärt von unserer Liebe Schein.«

Die Innsbrucker sagen, bei diesem Paar handle es sich um Erzherzog Friedrich und seine große Liebe Philippine Welser.

Steiermark

Habsburger versus Zwerg

Kaiser Ferdinand II. HRR (1578–1637), Sohn von Erzherzog Karl II. von Innerösterreich und Maria von Bayern, Enkel von Ferdinand I. und Neffe von Ferdinand II. von Tirol, war als katholischer Fundamentalist ein leidenschaftlicher Gegenreformator. Im Kampf gegen den Protestantismus verwies er sogar den berühmten Gelehrten Johannes Kepler des Landes. Als strenggläubiger Christ war er außerdem, gemessen an der Zeit, in der er lebte, eher prüde und ließ zu Beginn seiner Regentschaft demonstrativ alle Gemälde aus der Sammlung seines Cousins Rudolfs II. mit Nacktdarstellungen verbrennen.

Unter der Herrschaft des religiösen Eiferers gab es Versuche, die Juden zum Besuch katholischer Gottesdienste zu zwingen, im Gegenzug dafür hat man ihnen ein privilegiertes Ghetto am Wiener Donauufer gebaut.

Ansonsten wurde Ferdinand II. als freundlich, heiter, fleißig und gutmütig charakterisiert. Außerdem als jemand, der nicht mit Geld umgehen konnte, viel betete, gerne jagte und gute Musik genoss. Allerdings war er auch ein guter Stratege und durchaus berechnend, da er im Bruderzwist im Haus Habsburg zwischen Rudolf II. und Matthias mehrmals seine Position wechselte. Nachdem Rudolf im Jahr 1611 als König von Böhmen zugunsten von Matthias abgesetzt worden war, lief Ferdinand ganz zum Lager seines Bruders über. Er erhoffte sich von dieser Entscheidung wohl, Erbe des kinderlosen Matthias zu werden. Und sein Plan ging nach dessen Tod auf.

Und wie sein Onkel Ferdinand II. von Tirol, der etliche Bilder von »verwachsenen und verkrüppelten« Menschen auf Schloss Ambras anfertigen ließ und Hofzwerge »besaß«, hatte auch Ferdinand II. eine Vorliebe für »kuriose Menschen«. Allerdings gehörte es damals fast zum guten Ton, Winzlinge, Riesen, Narren, Haarmenschen oder »Mohren« als Beweis für die Launen der Natur am Hof zu beschäftigen und sie bei Gesellschaften vorzuführen. Der »Besitz« von »ungewöhnlichen« Kreaturen, die man sich als lebendiges Spielzeug »hielt«, stärkte den guten Ruf eines Monarchen. Es belegte die weit reichenden Verbindungen eines Herrschers in alle Teile der Welt, da gute Beziehungen notwendig waren, um sich mit den begehrten »Anomalia« zu versorgen.

Teuer kam der aufwendig geführte Regentenhaushalt, wie man in dem Buch »Allgemeine Weltgeschichte von Schöpfung an bis auf gegenwärtige Zeit« aus dem Jahr 1795 nachlesen kann, in dem der Autor Christoph-Gottlob Heinrich die üblichen Aufwendungen an einem Kaiserhof beschrieb: ... *An ungrischem, thyroler, österreicher und Rheinwein giengen 1100. Eymer auf; an Bier 903 Faß. Die Pferde der Gäste verzehrten 3703. Strich Hafer. Zu diesen ungeheuren Verschwendungen der Tafel rechne man noch an den fürstlichen Höfen die musicalischen Kapellen, die Feuerwerke seit dem Anfange des 17ten Jahrhunderts, die große Menge unnöthiger Hofleute, Hofzwerge, Hofnarren und Hofbediensteten, ...*

Ferdinand II. war nicht gerade groß gewachsen und von gedrungener Gestalt, ging aufgrund eines Rückenleidens im weiter fortgeschrittenen Alter auch stets etwas gebückt und erinnerte selbst an einen Gnom. Möglicherweise rührte daher seine Faszination für kleinwüchsige Menschen – er ließ sich sogar mit einem seiner Zwerge malen (vermutlich handelte es sich dabei um seinen »treuen Hänsel«, den er von Kaiser Matthias übernommen hatte). Das Bild aus dem Jahr 1604 zeigt den Monarchen mit einer kleinen Person an der Seite, welcher er huldvoll eine Hand auf den Kopf legt – fast als wollte er die Macht über seine »Trophäe« demonstrieren. An einer Leine hält des Kaisers Männlein einen weißen, kurzhaarigen Hund. Friedrich II. selbst erscheint recht groß und steht mit durchgestrecktem Rücken auf einen Degen gestützt da. Zu sehen ist das Ölgemälde des Künstlers Joseph Heintz dem Älteren im Kunsthistorischen Museum Wien.

Geboren in der steirischen Hauptstadt residierte Ferdinand II. bis zu seiner Krönung zum Kaiser im Jahr 1619 in der Grazer Burg am Fuße des Schlossbergs, die Friedrich III. ab 1438 als spätgotischen Palast hatte erbauen und mit seinem Monogramm AEIOU versehen lassen, danach übersiedelte er nach Wien.

Nach seinem Tod wurden seine Gebeine in das Mausoleum neben dem Grazer Dom überführt, wo sie bis heute ruhen. Die im Zentrum von Graz gelegene Anlage stellte als Ferdinands Prestigeobjekt damals den wichtigsten Repräsentationsbau des kaiserlichen Hofes und seiner Politik der Gegenreformation dar.

Das Gemäuer, ein monumentaler Sakral- und Repräsentationsbau, besteht aus der kreuzförmigen Katharinenkirche und der ovalen Grabkapelle. Mit der Errichtung des Mausoleums auf dem Areal des ehemaligen Gräberfeldes betraute Ferdinand II. im Jahr 1614 seinen italienischen Hofkünstler Giovanni Pietro de Pomis. Das Mausoleum entstand somit an genau der Stelle, an der sich schon 1265 eine der heiligen Katharina von Alexandrien geweihte Friedhofskapelle befunden hatte.

Nach der Wahl Ferdinands II. zum Kaiser und da der höfische Architekt vor der Fertigstellung seines Werkes verstarb, blieb das Grabmal nach der Weihe des Gruftaltars im Jahr 1640 vorläufig unvollendet. So musste Ferdinand II., der in Wien an den Folgen seiner Wassersucht 1637 verstorben war, in einem zugigen Rohbau bestattet werden.

1686 veranlasste Ferdinands Enkel, Kaiser Leopold I., die Abschlussarbeiten am Mausoleum seines Großvaters, die der damals noch junge und unbekannte Künstler Johann Bernhard Fischer von Erlach vornahm. Um sich selbst auch gleich ein Denkmal zu setzen, veranlasste Leopold die Gestaltung eines Deckengemäldes im Gewölbe der Katharinenkirche, die ihn als Befreier von den »Ungläubigen« während der Zweiten Wiener Türkenbelagerung von Wien darstellt – und das, obwohl der Kaiser erst nach dem Abzug der Feinde in die Stadt zurückgekehrt war.

Es hatte sich bei dieser Flucht allerdings angeblich um eine notwendige Maßnahme zur Organisation des Entsatzheers gehandelt.

Eine umfassende Restaurierung des Mausoleums erfolgte nach dem Zweiten Weltkrieg, ebenso eine Instandsetzung der türkisfarbenen Kuppeln, die wie majestätische Kronen mit florentinischem Flair auf dem Bau thronen. Die imperiale Intention ist außerdem an der symbolischen Bekrönung des Dachs – Zepter und Reichsadler mit Reichsschwert und Reichsapfel – zu erkennen.

Gemeinsam mit dem Dom prägt die Grabanlage, die das größte Mausoleum der Habsburger weltweit darstellt, mit den Kuppeln und weithin sichtbaren Türmen die Silhouette des Stadtbildes von Graz und haucht ihr damit ein wenig südländischen Charme ein.

In der Gruft der Begräbnisstätte liegen neben Kaiser Ferdinand II. auch seine erste Gemahlin Maria Anna von Bayern und seine Mutter Maria von Bayern; sein Vater Erzherzog Karl II. ruht fern der Familie im Habsburger-Mausoleum der Basilika Seckau. Ferdinands Eingeweide befinden sich, wie es bei den Habsburgern Brauch ist, im Stephansdom, sein Herz ist in der Augustinerkirche bestattet.

Mehrere Augenzeugen berichten, dass sie Kaiser Ferdinand II. und einen Zwerg, mit dem er sich auf den Stufen zum Mausoleum streitet, gesichtet haben.

Zu sehen seien der Mann und eine deutlich kleinere, aber erwachsene Gestalt in Form eines schleierförmigen schwarzen Nebels. Der Kaiser murmle im Zank immer wieder pro-katholische Phrasen wie die folgende – in verschiedenen Variationen aber mit gleichem Inhalt: »Lieber wollte ich mit meiner Familie am Bettelstab im Elend herumwandern, uns mit Brot und Wasser versorgen, ja sogar in mehrere Teile mich zerhauen lassen, als dass ich dulden könnte, dass unserem Gott und seiner Kirche Schmach angetan würde.«

Seltsam ist dabei allerdings, dass ähnliche Worte auf Seite 169 des Werkes »Bild einer Christlichen Furstin; Maria, Erzherzogin Zu Oesterreich, Herzogin von Bayern«, verfasst im Jahr 1860 von Friedrich Emanuel von Hurter, zu lesen sind.

Das kleine Wesen würde daraufhin zornig umherstampfen und kreischen: »Ferdinand, geh runter in dein Grab, du hast nichts dazugelernt und daher auf dem irdischen Pflaster nichts verloren. Steig hinab und werde klüger, dummer Mensch!«

Danach, so wurde bereits mehrfach beobachtet, verschwindet der Kaiser im Mausoleum, der Zwerg jedoch durch einen der vielen Eingänge in jenes Labyrinth, das mit zahlreichen Gängen und Stollen den Schlossberg durchzieht.

Die Erhebung im historischen Kern der steirischen Hauptstadt ragt 123 Meter über den Hauptplatz, auf ihr thront das Wahrzeichen von

Graz, der 28 Meter hohe Uhrturm. Es handelt sich dabei um den Teil einer Festungsanlage aus dem 13. Jahrhundert, die zuerst als Sitz für die Landesfürsten, später als Rückzugsort bei Angriffen diente. Bereits zur Zeit Friedrichs III. wurde sie über einen verdeckten Gang mit der Grazer Burg verbunden, da die herrschaftliche Residenz nie sehr sicher schien und man im Notfall rasch auf den Schlossberg flüchten wollte. Aufgrund der größer werdenden Gefahr von Türkenangriffen hat man beide Befestigungsanlagen während des 15. Jahrhunderts immer weiter ausgebaut.

Unter Erzherzog Karl wurde Graz die militärische und logistische Kommandozentrale der Steiermark, von hier aus erfolgte die Verteilung von Proviant und Waffen. Eine Ahnung von den Dimensionen dieses Unterfangens erhält man noch heute in der gewaltigen Waffensammlung im Zeughaus.

Tatsächlich musste sich die Wehranlage am Schlossberg jedoch nie gegen feindliche Angriffe behaupten und wurde nie zerstört. Erst zur Jahreswende 1809/1810 haben die Truppen Napoleons die Festung gesprengt – nur der Uhrturm, der Mitte des 16. Jahrhunderts sein heutiges Aussehen erhielt, und der Glockenturm aus dem Jahr 1588 blieben erhalten, weil die Grazer beide Bauwerke freikauften.

Im Jahr 1712 hat man dann die Turmuhr angebracht, deren vier Ziffernblätter mit einem Durchmesser von je etwa fünf Metern ursprünglich nur über einen Stundenzeiger verfügten – so wie es damals üblich war. Die später angebrachten Minutenzeiger wurden zur Unterscheidung kleiner gestaltet, was bis heute zu Verwirrungen bei unwissenden Touristen führt. Vielleicht aufgrund dieser Abnormität, der anderen Wertigkeit von Zeit, schwören die Einheimischen darauf, dass der Platz unter dem Uhrturm magisch ist.

Im Glockenturm, der von den Grazern auch »Liesl« genannt wird und unter dem sich ein Verlies mit der Bezeichnung »Bassgeige« befindet, sind aus frühester Zeit drei Glocken erhalten. Die Stundenglocke aus dem Jahr 1382 schlägt als älteste Glocke der Stadt zu jeder vollen Stunde. Die Feuerglocke von 1645 warnte je nach Anzahl der Schläge vor Feuer in den verschiedenen Bezirken von Graz, weshalb über den Zifferblättern ein hölzerner Wehrgang um den Turm führt, von dem aus die Feuerwächter die ganze Innenstadt überblicken konnten.

Und die Armesünderglocke, die um 1450 entstand und im Mittelalter zu Hinrichtungen erklang, wurde im 19. Jahrhundert zur Sperrstunde geläutet, was ihr zusätzlich den Namen Lumpenglocke eintrug.

Unterhalb des Uhrturms sitzt und wacht auf einem Mauervorsprung der »steinerne Hund«, zu dem folgende Legende existiert:

Kaiser Friedrich III. hatte seine Tochter Kunigunde dem Ungarnkönig Matthias Corvinus versprochen, machte nach einem Streit mit ihm jedoch einen Rückzieher und brachte die Prinzessin zu ihrem Schutz in die Festung am Schlossberg. Daraufhin machten sich rund 2 000 ungarische Soldaten auf den Weg nach Graz, um Kunigunde im Auftrag ihres Herrn zu entführen. Die Männer wussten jedoch, dass die Burg nicht einnehmbar war, und bestachen kurzerhand die verräterischen Torwächter Grasel und Himmelfeind, die ihnen um Mitternacht Zutritt verschafften. Jedoch bemerkte ein Wachhund das Eindringen der Soldaten und machte mit seinem lauten Gebell den Schlosshauptmann Ulrich von Graben auf die Situation aufmerksam. Die Feinde konnten mithilfe der Grazer Armee in die Flucht geschlagen werden, die verräterischen Torwächter landeten im Gefängnis und danach am Galgen. Zur Erinnerung an den braven Vierbeiner, der Alarm geschlagen und damit die Prinzessin gerettet hatte, ließ Friedrich III. einen Hund in Stein hauen und unterhalb der Festung aufstellen.

Und direkt unter dem Uhrturm, außerdem an der Seite des steinernen Vierbeiners, der den Raub von Prinzessin Kunigunde vereitelt hatte, taucht der Zwerg regelmäßig auf – bevor er durch einen Eingang im Inneren des Berges, in dem sich ein weit verzweigtes Stollensystem mit insgesamt 6,3 Kilometer Länge befindet, verschwindet. Hin und wieder wird auch die überirdische Gestalt von Ferdinand II. dort gesichtet, wenn er sich nach dem Streit mit dem kleinen Geistwesen nicht schon vorher in sein Mausoleum zurückgezogen hat.

So wird es jedenfalls von einigen älteren Einheimischen, die dieses Phänomen bereits mehrfach beobachten konnten, berichtet.

Quellen

Stand aller Internetquellen 15.6.2015

ALLGEMEIN

Bankl, Hans: »Die kranken Habsburger: Befunde und Befindlichkeiten einer Herrscherdynastie«, Goldmann Verlag, München 2005

Kramar, Konrad: »Die schrulligen Habsburger: Marotten und Allüren eines Kaiserhauses«, Verlag Ueberreuter, Wien 1999

Pieper, Dietmar: »Die Welt der Habsburger«, Goldmann Verlag, München 2011

Praschl-Bichler, Gabriele: »Die Habsburger und das Übersinnliche«, Amalthea Verlag, Wien 2003

Roubinek, Rudi: »Wir bleiben Kaiser: Die Monarchie in uns«, Edition a, Wien 2010

Winder, Simon: »Kaisers Rumpelkammer«, Verlag Rowohlt, Reinbek bei Hamburg 2014

http://www.wikipedia.at

http://www.aphorismen.de

http://anno.onb.ac.at

http://www.sagen.at

http://www.habsburg.net

http://www.kaisergruft.at

http://www.planet-vienna.com/habsburger/habsburger.htm

WIEN

Aretz, Gertrude: »Marie Louise. Erzherzogin von Österreich, Kaiserin der Franzosen, Napoleons zweite Ehefrau«, Severus Verlag, Hamburg 2013 (Nachdruck der Originalausgabe von 1936)

Ash, Mitchell G.: »Mensch, Tier und Zoo. Der Tiergarten Schönbrunn im internationalen Vergleich vom 18. Jahrhundert bis heute«, Böhlau Verlag, Wien 2008

Czoernig, Karl Freiherr von: »Mittheilungen der Kaiserl. Königl. Central-Commission zur Erforschung und Erhaltung der Baudenkmale«, Band II, Karl Gerold's Sohn, Wien 1869

Fraser, Antonia: »Marie Antoinette«, Deutsche Verlags-Anstalt, München 2006

Guglia, Eugen: »Das Theresianum in Wien. Vergangenheit und Gegenwart«, Böhlau Verlag, Wien 1998

Hasmann, Gabriele: »Spuk in Österreich«, Ueberreuter Verlag, Wien 2012

Hasmann, Gabriele: »Unheimliches Österreich«, Ueberreuter Verlag, Wien 2013

Hasmann Gabriele: »Spuk in Wien«, Ueberreuter Verlag, Wien 2014

Hasmann, Gabriele: »Wien zu zweit«, Goldegg Verlag, Wien 2015

Hasmann, Gabriele und Kunze, Gerhard: »Das magische Wien. Spaziergänge an Kraftorte«, Amalthea Verlag, Wien 2014
Hormayer, Joseph Freiherr von: »Taschenbuch für die vaterländische Geschichte«, Gebrüder Franck, Stuttgart 1830

Joseph II.: »Joseph des Zweyten römischen Kaisers Strafen, wider Politische, Polizey und Kriminalverbrecher in alphabetischer Ordnung«, Schönfeldsche Handlung, Wien 1787

Kornberger, Silvia: »Vampire, Monster, irre Wissenschaftler: So viel Europa steckt in Hollywoods goldener Horrorfilmära«, disserta Verlag, Hamburg 2014

Kurz, Franz: »Oesterreich unter den Königen Ottokar und Abrecht I.«, Cajetan Haslinger, Linz 1816

Lewin, Louis: »Die Gifte in der Weltgeschichte«, Verlag Tosa, Wien 2007

Pärr, Nora: »Maximilian Hell und sein wissenschaftliches Umfeld im Wien des 18. Jahrhunderts«, Dissertation (Universität Wien), Wien 2011

Pieper, Dietmar und Saltzwedel Johannes: »Die Welt der Habsburger. Glanz und Tragik eines europäischen Herrscherhauses«, Deutsche Verlags-Anstalt, München 2010

Schimmer, Carl August: »Die interessantesten Anekdoten von Kaiser Joseph II.«, Verlag Matthäus Kuppitsch's Wittwe, Wien 1850

Soukup, Rudolf Werner: »Chemie in Österreich – Bergbau, Alchemie und frühe Chemie«, Böhlau Verlag, Wien 2007

Vogt, Graf Paul von Hunolstein: »Marie Antoinette. Ein Lebensbild in Briefen von eigener Hand«, Haffelberg'sche Verlagshandlung, Berlin 1864

Weschel, Leopold Matthias: »Die Leopoldstadt bey Wien«, Anton Strauß, Wien 1824

Weston Evans, Robert John: »Das Werden der Habsburgermonarchie, 1550–1700«, Böhlau Verlag, Wien 1986

Zillinger, Karl: »Wiener Weihnacht«, Sutton Verlag, Erfurt 2012

http://www.museum-freistadt.at/wp-content/uploads/2012/03/Rosenberger-%C3%9Cbersetzungen.pdf

http://derstandard.at/2000007561308/Ich-hab-ein-heimliches-Gspusi-mit-dem-Nirwana

http://press.khm.at/fileadmin/_migrated/downloads/KK_Geschichte_Haag_dt.pdf

http://derstandard.at/1363705851390/Kunstkammer-Fundament-aus-16-Jhdt-in-Wiener-Hofburg-entdeckt

http://diepresse.com/home/spectrum/297555/Der-begehbare-Traum

http://www.onb.ac.at/about/geschichte.htm

http://www.alttheresianisten.com/pages/aktivitaeten/mitteilungsarchiv/mitteilungen363.pdf

https://www.wien.gv.at/kultur-freizeit/neugebaeude.html

http://www.schlossneugebaeude.at/

http://www.burgen-austria.com/article-month.php?id=840
http://austria-forum.org/af/Heimatlexikon/Schloss_Hetzendorf

http://wien-reise.info/erkunden/highlights/schoenbrunn/

http://www.univie.ac.at/rechtsgeschichte/seminararbeiten/romanborchers.pdf

http://www.albertina.at/das_palais/prunkraeume/empfangssalon_und_audienzzimmer

http://www.lusthaus-wien.at

http://www1.wdr.de/themen/archiv/stichtag/stichtag6260.html

http://de.wikisource.org/wiki/BLK%C3%96:Schwarzenberg,_Pauline_F%C3%BCrstin

http://www.welt.de/kultur/article1869786/Lockvoegel-der-Lust-fuer-franzoesische-Monarchen.html

http://www.nachrichten.at/anzeigen/motormarkt/motor/Das-Auto-in-dem-Franz-Ferdinand-starb;art111,1423927

http://diepresse.com/home/zeitgeschichte/1403637/Der-schiesswutigste-Habsburger

http://diepresse.com/layout/diepresse/files/dossiers/sarajewo/index.html

NIEDERÖSTERREICH

Auszug aus der Verfassung der Kaiserlich Königlichen Militärakademie zu Wiener Neustadt

Friedrich, Lars: »Das neue Mayerling-Sammelsurium: Kurioses aus 25 Jahren Mayerling-Archiv«, Books on Demand, 2009

Füssel, Stephan: »Deutsche Dichter der frühen Neuzeit (1450–1600): Ihr Leben und Werk«, Erich Schmidt Verlag, Berlin 1993

Kunze, Gerhard: »Mödling. Eine Stadt zum Verlieben«, LW Edition, Wien 2001

Sokop, Brigitte: »Jene Gräfin Larisch: Marie Louise Gräfin Larisch-Wallersee. Vertraute der Kaiserin – Verfemte nach Mayerling«, Böhlau Verlag, Wien 1985

http://karmel-mayerling.org/fileadmin/bilder/2007-DA-RUECKL-Roehrig-Mayerling_Geschichte.pdf

http://www.wien-vienna.at/perskprud.php

http://www.profil.at/home/geschichte-kronprinz-rudolf-rebell-geheimnis-mayerling-123796

http://derstandard.at/1219060432303/Letzte-Ausfahrt-Mayerling?_articlePage=2

http://www.spiegel.de/spiegel/print/d-14325064.html

http://othes.univie.ac.at/25475/1/2013-01-22_0620861.pdf

http://www.ksta.de/region/wolfgang-loeffler-der-krimi-von-mayerling-,15189102,12788414.html

http://othes.univie.ac.at/25773/1/2013-02-01_0747216.pdf

http://forum.ueber55.at/showthread.php?t=6675

http://www.moedling.at/system/web/zusatzseite.aspx?bezirkonr=0&detailonr=221071349&menuonr=221068475

http://www.baden.at/cms/upload/pdf/stadtarchiv/zuckerl/35.pdf

http://www.noemuseen.at/magazin/00/artikel/86100/doc/d/Forum-Museum_2008-02.pdf

http://www.tourismus.baden.at/sehenswertes/sehenswuerdigkeiten/wege-durch-baden/eugenvilla/

http://www.mosapedia.de/wiki/index.php/Ich_kenn_ein_kleines_Wegerl_im_Helenental

http://www.wiener-neustadt.gv.at/index.php/de/stadt/geschichte/allgemeine-geschichte

http://www.news.at/a/selbstmord-gefechtsuebung-9291

http://www.profil.at/home/missbrauch-militaergymnasium-wiener-neustadt-schueler-selbstmord-265374

OBERÖSTERREICH

http://www.kaiservilla.at

http://www.cafe-sissy.at/

http://www.rp-online.de/leben/reisen/hotels/das-hotel-in-dem-sissi-starb-aid-1.2735345

TIROL

Primisser, Johann: »Die kaiserlich-königliche Ambraser-Sammlung«, im Verlag des Verfassers, Wien 1819

http://tourism.khm.at/fileadmin/content/TOURISMUS/downloads/Ambras_Innsbruck_Fremdenfuehrer_DE.pdf

http://www.onb.ac.at/about/hugoblotius.htm

http://www.schlossambras-innsbruck.at/

http://www.geschichte-tirol.com/burgenschlosser/nordtirol/1127-schloss-ambras.html

http://www.schlossambras-innsbruck.at/entdecken/das-schloss/die-geschichte-von-schloss-ambras/

STEIERMARK

Elis, Raffael: »Sagen aus Graz und der Steiermark«, LIT Verlag, Wien 2004

Fugger, Nora: »Im Glanz der Kaiserzeit«, Amalthea Verlag, Wien 1932

Geschichtsverein Kärnten: »Carinthia – Zeitschrift für Vaterlandskunde, Belehrung und Unterhaltung«, Klagenfurt 1868

Heinrich, Christoph Gottlob: »Allgemeine Weltgeschichte von der Schöpfung an bis auf gegenwärtige Zeit«, Leipzig 1795

Hurter von, Friedrich Emanuel: »Bild einer Christlichen Furstin; Maria, Erzherzogin Zu Oesterreich, Herzogin von Bayern«, Schaffhausen 1860

http://www.kulturpool.at/plugins/kulturpool/showitem.action?itemId=17179919527&kupoContext=default

http://www.graztourismus.at/de/sehen-und-erleben/sightseeing/sehenswuerdigkeiten/mausoleum_sh-1247

http://www.domgraz.at/

http://www.kavalierhaus.at/de

Danksagungen

Prof. Gerhard Kunze – für zahlreiche Infos, die Habsburger betreffend, und Hilfe bei der Recherche

DI Walter Sturm – für die Bereitstellung des historischen Info-Materials zur Gegend um das Kahlenbergerdorf (www.kahlenbergerdorf.at)

Walter Hanzmann, Pressesprecher Stift Klosterneuburg – für die Bereitstellung eines Fachartikels zum Leopoldsberg

Allen Augen- und Ohrenzeugen – für ihre Berichterstattungen

Auf den Spuren von Geistern und Gespenstern

Gabriele Hasmann

Spukguide Wien

Die schaurigsten Plätze der Stadt

120 Seiten, mit zahlreichen Fotos
Klappenbroschur
ISBN 978-3-8000-7669-7